Kloska Group · Seemanns Essen

Seemanns Essen

Eine kulinarische Reise
durch die maritime Welt

KLATSCHMOHN

Kloska Group

Kloska Group · Seemanns Essen
Eine kulinarische Reise durch die maritime Welt

Herausgeber: Kloska Group Bremen
Herstellung: KLATSCHMOHN Verlag, Druck + Werbung GmbH & Co. KG
ISBN 978-3-941064-20-1
2. Auflage 2011
Printed in Germany

Inhaltsverzeichnis

Uwe Kloska und Tochter Nadine, die bereits im Management der Kloska Group tätig ist. Somit steht »die nächste Generation« bereits in den Startlöchern, um das Unternehmen auch in Zukunft kontinuierlich erfolgreich weiter zu führen.

Vorwort

Im Jahre 1981 habe ich gemeinsam mit meiner Ehefrau den technischen Ausrüster Uwe Kloska GmbH in Bremen gegründet. Hier befindet sich nach wie vor der Hauptsitz der Kloska Group.

Im Laufe der Jahre sind weitere Unternehmen, die das Dienstleistungsprofil für den Kunden sinnvoll ergänzen, hinzugekommen. Dabei hervorzuheben ist die Proviantabteilung, aus der sich einer der weltweit erfolgreichsten maritimen Catering-Systemlieferanten entwickelt hat.

Es wurde ein Netz von Partnern und eigenen Unternehmen aufgebaut. Dadurch wird sichergestellt, dass die Schiffe unserer Kunden mit qualitativ hochwertigem und anspruchsvollem Proviant in allen bedeutenden aber auch kleineren Hafenstädten der Welt beliefert werden.

Das Kundenportfolio der Kloska Group liest sich wie das who-is-who der deutschen und internationalen Reederschaft.

Um die bunte und internationale Vielfalt »unserer« Schiffe zu zeigen und um einen Einblick in das Leben an Bord zu geben, haben wir das »Kloska-Kochbuch« zusammengetragen.

Wir wünschen Ihnen viel Spaß beim Lesen und vor allem beim Kochen und Genießen der kulinarischen Köstlichkeiten und derben Seemannsgerichte aus aller Herren Länder.

Ihre Familie Kloska

Ein Kochbuch?

Irgendwann sollte ein Kochbuch her. Aber wie?

Wir sind Schiffsausrüster. Über 500 Spezialisten auf ihrem Gebiet. Motoren, Ersatzteile, Shipstores, Proviant, Reparatur, Wartung, Kranseile, Pumpen … aber keine Autoren. Aber die Köche an Bord »unserer« Catering-Schiffe sind Spezialisten. Sie verstehen es jeden Tag wieder, die hungrige, weil hart arbeitende Crew der Schiffe satt zu bekommen. Mindestens drei Mal am Tag. Ob Sonnenschein oder Sturm, ob im Hafen oder auf hoher See. Der Seemann hat Hunger.

Also haben wir die Köche gefragt:
»Schickt Ihr uns Eure Lieblingsgerichte?«

Aus unzähligen Gerichten haben wir eine Übersicht von Vorspeisen, Suppen, Hauptgerichten und Desserts zusammengestellt, die aus Indonesien, China, Indien, Russland, den Niederlanden, Deutschland und vielen anderen Nationen stammen. Schmackhaft allemal, aber auch mit einfachen Produkten schnell zubereitet, sowohl für den Schiffsbetrieb als auch für zu Hause.

Mit den hier nicht veröffentlichten Rezepten könnten wir noch ein Buch füllen …

Frühstück

MS Dorian

Gebaut als:	MS Dorian
Reederei:	Komrowski
Typ:	Container Vessel
Bauwerft:	Stocznia Szczecinska S.A.
Jahr:	1994
Kapazität:	22.425 dwt
Geschwindigkeit:	19,5 kn
Besatzungsstärke:	20

Eierkroketten

(MS Dorian)

Zutaten für 8 bis 10 Personen

¼ Tasse	Butter
¼ Tasse	Mehl
1½ Tassen	Milch
1 TL	Salz
¼ TL	weißer Peffer
6	hart gekochte Eier
1 Tasse	Semmelmehl
1	schaumig geschlagenes Ei
1 TL	Öl zum Braten

Zubereitung:

Hart gekochte Eier in kleine Würfel schneiden. Butter in einem Topf erhitzen. Unter Rühren nach und nach das Mehl hinzugeben. Butter und Mehl verrühren.
Unter ständigem Rühren die Milch hinzugeben und alles zu einer glatten Masse verrühren. Die Mehlschwitze aufkochen lassen, bis sie eine sämige Konsistenz hat und mit Salz und Pfeffer abschmecken. Den Topf nun vom Herd nehmen und die gewürfelten Eier unter die Masse heben. Dann die Eiermasse etwas abkühlen und ruhen lassen.
Das Semmelmehl und das schaumig geschlagene Ei jeweils in einen tiefen Teller geben. Aus der abgekühlten Eiermasse kleine Kroketten formen. Diese zunächst im Semmelmehl wälzen, dann in dem geschlagenen Ei und abschließend wieder im Semmelmehl. Die Kroketten noch etwas ruhen lassen, bevor sie im heißen Öl goldbraun ausgebacken werden.

MS »AS Victoria« in Fahrt. Der Bulkcarrier der Reederei Ahrenkiel, Hamburg wurde 2009 in Dienst gestellt.

Ein Gastanker der Bremer Reederei Sloman Neptun auf See. Auch hier sorgt die Kloska Group für das leibliche Wohl an Bord.

Foto vom Hauptdeck der »Paradise N« der Reederei Laeisz. Das Schiff ist mit über 330.000 t Ladekapazität unser größtes Catering-Schiff

Auch kein Zwerg: LNG/C »Al Ruwais«. Einer der größten Gastanker der Welt der Reederei PRONAV, Hamburg.

Vorspeisen & Suppen

MS Stadt Lübeck

Gebaut als:	MS Stadt Lübeck
Reederei:	Thien & Heyenga
Typ:	Container Vessel
Bauwerft:	Jurong Bauwerft Singapore
Jahr:	2001
Kapazität:	16.400 dwt
Geschwindigkeit:	19,5 kn
Besatzungsstärke:	16

Pizzabrot

Koch: Rodolfo Pineda (MS Stadt Lübeck)

Zutaten für 10 Personen

900 g	Rinderhack
4 TL	gehackte Zwiebeln
2 TL	Knoblauchsalz
1 TL	Pfeffer
3 TL	Oregano
3 TL	Basilikum
3 TL	Thymian
4 Tassen	geriebener Mozzarella
5 Tassen	passierte Tomaten

Zubereitung:

Hack, Zwiebeln und Knoblauchsalz in eine Pfanne geben, alles leicht anbraten, bis die Zwiebeln leicht gebräunt sind. Nun Gewürze, Kräuter und passierte Tomaten hinzufügen. Das ganze ca. 5 Minuten auf kleiner Flamme köcheln. Eine Scheibe Toastbrot nehmen, etwas von der Hackfleischsauce darauf geben und geriebenen Mozzarella obenauf streuen. Nun das ganze bei 200 °C im Backofen überbacken, bis der Käse goldgelb ist. Die fertigen Pizzabrote können nach Belieben mit Scheiben von Oliven oder Champignons garniert werden.

MS Stadt Lübeck

Gebaut als:	Stadt Lübeck
Reederei:	Thien & Heyenga
Typ:	Container Vessel
Bauwerft:	Jurong Bauwerft Singapore
Jahr:	2001
Kapazität:	16.400 dwt
Geschwindigkeit:	19,5 kn
Geschwindigkeit:	19,5 kn
Besatzungsstärke:	16

Zwiebelbrot

Koch: Rodolfo Pineda (MS Stadt Lübeck)

Zutaten für 10 Personen

6 Tassen	Mehl
4	Zwiebeln, gehackt
2 EL	Jodsalz
2 EL	Hefe
1 TL	Zucker
2 EL	Pflanzenöl
1 Tasse	Milch

Zubereitung:

Zwiebeln in der Pfanne leicht anbraten, bis sie goldbraun sind und dann vom Feuer nehmen. Nun alle Zutaten, auch die Zwiebeln, in eine Schüssel geben. Die Masse von Hand oder mit einem Rührgerät zu einem glatten Teig verkneten. Der Teig muss sich selbstständig vom Schüsselrand lösen, dann hat er eine gute Konsistenz. Den Teig nun 25 Minuten abgedeckt in der Schüssel gehen lassen. Danach den Teig von Hand kurz durchkneten und ca. 3 cm dick ausrollen. Nun den Teig erneut für 20 Minuten ruhen lassen, bis er doppelt so hoch ist. Das Zwiebelbrot bei 200 °C im Ofen backen.

MS Baltic Carrier

Gebaut als:	MS Baltic Carrier
Reederei:	Reedereien Corleis und Viamare
Typ:	Cargo Ship
Bauwerft:	Cassens
Jahrr:	1997
Kapazität:	3.130 dwt
Geschwindigkeit:	10,9 kn
Besatzungsstärke:	7

Rassolnik Nierensuppe

(MS Baltic Carrier)

Zutaten für 10 Personen

1 kg	Rindernieren
150–200 g	Salatgurke, gesalzen
200 g	Petersilienwurzel
100 g	Sauerampfer
200 g	Pastinaken
100 g	Spinat
100 g	Knollensellerie
150 ml	Milch
3	Zwiebeln, mittelgroß
2	Eier
100 g	Rinderschmalz
	gehackte Petersilie
	Salz und Pfeffer zum Abschmecken

Zubereitung:

Das Fleisch von Fett und Sehnen befreien und der Länge nach in Hälften schneiden. Fleisch für 3 bis 4 Std. in kaltem Wasser liegen lassen. Wasser entfernen, Fleisch waschen und in frischem Wasser zart kochen. Bouillon abseihen.
Zwiebeln in feine Ringe schneiden und goldbraun anbraten. Gurke schälen und Samen entfernen. Alle Zutaten in die kochende Bouillon geben.
Nach 15 bis 20 Minuten den gehackten Spinat, Sauerampfer, gekochte Gurke, Salz und Pfeffer zufügen. Eier mit heißer Milch verrühren und bei schwacher Hitze zum Kochen bringen. Eier gleichmäßig mit einem Schneebesen aufschlagen, dann abseihen. Zum Servieren Fleisch und Ei-Milch-Gemisch auf einem Teller anrichten.

MS Tampa Bay

Gebaut als:	MS Tampa Bay
Reederei:	NSC
Typ:	Container Vessel
Bauwerft:	Qingshan Bauwerft
Jahr:	2006
Kapazität:	13.690 dwt
Geschwindigkeit:	19,6 kn
Besatzungsstärke:	17

Rinder-Nudelsuppe »Gilzen«

Koch: Gilbert Centeno (MS Tampa Bay)

Zutaten für 10 Personen

2 kg	Ochsenschwanz/Rinderknochen
2	mittelgroße Zwiebeln
1	Stück frischer Ingwer
	Salz zum Abschmecken
3 EL	Fischfond
12	Sternanis, ganz
10	Gewürznelken, ganz
2	Zimtstangen
6	Lorbeerblätter
½ kg	gekochte Reisfadennudeln
6 kg	Rinderfilet, in dünnen Scheiben

zum Garnieren nach Bedarf:
frische gehackte Chilischoten
Chilisauce oder Sambal Oelek
Zwiebelringe
frische Kräuter: Minze, Basilikum
Limettenscheiben
Fischsauce

Zubereitung:

Ochsenschwanz in einen großen Suppentopf legen und gut mit Wasser bedecken (10 cm Wasser über dem Fleisch). Zum Kochen bringen und dann köcheln lassen. Zwiebeln halbieren und putzen. Den Ingwer der Länge nach zerteilen und schälen. Zwiebeln, Ingwer, Salz, Fischsauce, Sternanis, Nelken, Zimt und Lorbeer zum Fleisch geben. Alles 4 bis 5 Std. köcheln lassen.
Sternanis, Nelken und Lorbeerblätter entfernen und Suppe durch ein Sieb schlagen. Mit Gewürzen abschmecken und weiter köcheln.
Die frischen Zutaten zum Garnieren in kleine Schüsseln füllen und auf dem Tisch platzieren.
Die Nudeln durch kurzes Blanchieren erhitzen und auf 10 kleine Schüsseln verteilen. Auf jede Portion Nudeln ein Stück Filet legen und mit heißer Brühe Schüssel auffüllen. Sehr heiß servieren.

MS Industrial Champ

Gebaut als:	MS Ursa J
Reederei:	Jüngerhans
Typ:	Heavy Lift Vessel
Bauwerft:	Estaleiros Navais de Viana do Castelo
Jahr:	2000
Kapazität:	8.000 dwt
Geschwindigkeit:	16,0 kn
Besatzungsstärke:	12

Blutsuppe

(MS Industrial Champ)

Zutaten für 12 bis 15 Personen

1½ kg	Schweinefleisch mit Fett, in Würfel geschnitten
½ Tasse	Öl zum Braten
1½	Knollen Knoblauch, gepresst
½ Tasse	Ingwer
1 Tasse	Zwiebeln, gehackt
5 EL	Fischsauce
3	scharfe Peperoni
6 Tassen	Schweineblut
9 Tassen	Brühe
1 Tasse	Essig (oder mehr nach Belieben)

Zubereitung:

Knoblauch, Ingwer und Zwiebeln glasig anbraten, dann Fleisch dazugeben. Solange braten, bis das Fleisch gut gebräunt ist. Brühe, Essig und Schweineblut gut verrühren und unter ständigem Rühren zum Fleisch geben. Solange rühren, bis das Blut eine schwarze Farbe hat. Mit Salz und Pfeffer würzen. Scharfe Peperoni dazugeben und köcheln lassen, bis eine sämige Konsistenz erreicht ist.

MS Dorian

Gebaut als:	MS Dorian
Reederei:	Komrowski
Typ:	Container Vessel
Bauwerft:	Stocznia Szczecinska S.A.
Jahr:	1994
Kapazität:	22.425 dwt
Geschwindigkeit:	19,5 kn
Besatzungsstärke:	20

Chinesische Pilzsuppe

(MS Dorian)

Zutaten für 10 bis 12 Personen

10	große, getrocknete Pilze
10–12 Tassen	Geflügelbrühe
½ Tasse	grob gehackter Spinat
½ Tasse	gekochte Hühnerinnereien, klein geschnitten
1 Tasse	Zwiebeln, gehackt
2 TL	Sojasauce
	Messerspitze weißer Pfeffer
	fein geschnittene Frühlingszwiebeln

Zubereitung:

Die Pilze wässern, bis sie weich sind. Abtropfen lassen, Lamellen entfernen und in dünne Streifen schneiden.

Geflügelfond zum Kochen bringen. Pilze, Spinat und Hühnerklein zufügen. Hitze reduzieren und köcheln lassen. Mit Sojasauce und Pfeffer würzen. Mit Frühlingszwiebeln garnieren.

MS Merkur Sky

Reederei: Reederei Vinnen
Typ: Containership
Bauwerft: Flensburger Schiffbaugesellschaft
Jahr: 1997
Kapazität: 39.951 TDW
Geschwindigkeit: 20,5 kn
Besatzungsstärke: 21

Maiscremesuppe

(MS Merkur Sky)

Zutaten für 9 Personen

5 Tassen	Milch
5 Tassen	Geflügelfond
2 Tassen	frischer Mais, vom Kolben gerieben
	Salz und weißer Pfeffer
1 Tasse	frische Sahne
1 EL	gehackte Petersilie

Zubereitung:

Milch, Geflügelfond und Mais in einem Topf verrühren und zum Kochen bringen. Nach Belieben abschmecken. Hitze reduzieren und köcheln lassen bis der Mais zart ist. Dann Abschmecken.

Mais abseihen und Flüssigkeit erneut zum Kochen bringen. Mit Mehlschwitze andicken und weitere 15 Minuten köcheln lassen. Mais wieder dazugeben, frische Sahne und Petersilie einrühren.

MS Susan Borchard

Gebaut als:	MS Pioneer Eagle
Reederei:	Quadrant
Typ:	Container Vessel
Bauwerft:	J. J. Sietas KG Schiffswerft GmbH u. Co
Jahr:	2002
Kapazität:	7.970 dwt/735 TEU
Geschwindigkeit:	15,6 kn
Besatzungsstärke:	12

Suppe mit Rührei und Dill

Koch: Sergio Ruta, Romania (MS Susan Borchard)

Zutaten für 10 Personen

400 g	Karotten
200 g	Staudensellerie
200 g	Zwiebeln
5–6	Eier
150 g	Zitronen
100 ml	Öl zum Braten
3,5 l	Rinderbrühe, klar
	frischer Dill
	frische Petersilie
	Salz zum Abschmecken

Zubereitung:

Gemüse klein schneiden und in der Rinderbrühe gar kochen. Eier mit Dill und Milch verrühren. In eine Pfanne geben und wenn das Ei stockt, Zitrone und Petersilie zufügen. Wenn die Suppe fertig ist, Rührei hineingeben.

LNG/C Al Ruwais

Gebaut als:	LNG/C Al Ruwais
Reederei:	PRONAV
Typ:	Tanker Ship
Bauwerft:	Daewo Shipbuilding and Marine Engineering
Jahr:	2007
Kapazität:	98191 dwt
Geschwindigkeit:	15,8 kn
Besatzungsstärke:	28

Soljanka

Koch: Mr. Perkov Yuriy (LNG/C Al Ruwais)

Zutaten für 10 Personen

500 g	Rindfleisch/Suppenfleisch
500 g	Kartoffeln
500 g	Weißkohl, klein geschnitten
200 g	Karrotten
200 g	Zwiebeln
50 g	grüne Paprikaschote
50 g	rote Paprikaschote
20 g	Knoblauch, gemahlen
100 ml	Pflanzenöl
20 g	Salz, Pfeffer, Petersilie (gehackt)
50 g	saure Sahne
50 g	Tomatenmark

Zubereitung:

Fleisch in kleine Stücke schneiden und in Wasser kochen. Wenn das Fleisch zart wird, geschälte und gewürfelte Kartoffeln zugeben.

Sauce:

Zwiebeln und Karotten braun anbraten. Tomatenmark zugeben und weitere 5 Minuten braten. Rote Sauce zur Suppe geben und 10 Minuten weiterkochen. Salz, Pfeffer, Weißkohl, Paprikaschoten dazugeben und weitere 10 Minuten kochen, dann vom Feuer nehmen. Knoblauch und Petersilie zur Suppe geben und mit saurer Sahne servieren.

MS Splittnes

Gebaut als:	Kari Arnhild
Reederei:	HJH
Typ:	Bulk Carrier
Bauwerft:	Havyard Leirvik
Jahrr:	1994
Kapazität:	18.964 dwt
Geschwindigkeit:	15,1 kn
Besatzungsstärke:	16

Hühnersuppe Tinola

Koch: Felicisimo M. Cruz jr. (MS Splittnes)

Zutaten für 10 Personen

1½ kg	Hühnchen, ganz
5	Knoblauchzehen, gepresst
2	mittelgroße Zwiebeln, in Ringe geschnitten
60 g	Ingwer, in Streifen geschnitten
2	Würfel Geflügelbrühe
5 EL	Fischfond
5	Chayoten, geviertelt
100 g	Frühlingszwiebeln, fein geschnitten
200 g	Pok Choi (Senfkohl)
5 EL	Öl zum Braten
	Salz und Pfeffer

Zubereitung:

Fleisch waschen und trocken tupfen. Knoblauch, Zwiebeln, Ingwer und Fleisch anbraten. 1 Liter Geflügelbrühe dazugießen und 20 Minuten kochen lassen. Eventuell Schaum abschöpfen. Fischfond zufügen und mit Salz und Pfeffer abschmecken. Chayoten dazugeben und gar köcheln lassen. Dann den Pok Choi und Frühlingszwiebeln dazu und weiter köcheln.

MS Stadt Rostock

Reederei:	Thien & Heyenga
Typ:	Container Vessel
Bauwerft:	Aker Yards, Germany
Jahr:	2006
Kapazität:	37.800 TDW
Geschwindigkeit:	21,8 kn
Besatzungsstärke:	21

Knoblauchsuppe

(MS Stadt Rostock)

Zutaten für 8 Personen:

1/4 Tasse	Knoblauch, gehackt
1/2 TL	Paprikapulver, scharf
8	Eigelb
	Salz und Pfeffer zum Abschmecken

Zubereitung:

Brühe zum Kochen bringen und Baguettebrot zufügen. Mit einem Schneebesen gut verrühren, bis die Suppe andickt. Knoblauch in Olivenöl braun anbraten und zur Suppe geben. Paprikapulver einrühren und abschmecken.
Suppe in Schüsseln aus Steingut füllen. In jede Schüssel ein Eigelb geben und bei hoher Temperatur im Ofen 3 bis 5 Minuten überbacken.

Das karge Brot der Wikinger

Die erste Fahrt über den offenen Atlantik wagten die im Kampf gegen das rauhe Nordmeer gestählten Bewohner Skandinaviens, die Wikinger.

Die kühnen Nordmänner überquerten in ihren offenen Booten von nur 24 Metern Länge den Atlantik, eroberten und besiedelten Island und Grönland und erreichten 986 u.Z. die Küste Amerikas.

Herde gab es an Bord der Wikingerschiffe nicht. Wenn gekocht wurde, dann beim abendlichen Landgang und in jenen bis zu 150 Liter fassenden Kesseln, die an einem zerlegbaren eisernen Dreifuß hingen. Mehr als Brei, Grütze oder bestenfalls gekochtes Fleisch dürften sie normalerweise aber nicht hergegeben haben.

An Bord begnügte man sich mit kalter Verpflegung. Fladenbrot und Butter, Stockfisch, Schinken oder Pökelfleisch wurden mit Wasser, Met oder Molke heruntergespült.

Nach den kühnen Taten der Wikinger gibt es in den folgenden Jahrhunderten kaum Hinweise auf große Entdeckungen. Es ist aber nicht auszuschließen, dass in dieser Zeit die Ureinwohner Amerikas, begünstigt von Winden und Strömungen zur Osterinsel und weiter in den Pazifik hinaus segelten, oder Polynesier mit ihren Auslegerbooten im Bereich der Inselwelt Ozeaniens Handel trieben, aber die Zeugnisse dafür sind spärlich.

Salate

MS Magellan Planet

Reederei:	Quadrant Bereederung
Typ:	Container Vessel
Bauwerft:	J.J. Sietas
Jahr:	2002
Kapazität:	7.970 TDW
Geschwindigkeit:	19 kn
Besatzungsstärke:	16

Maissalat

(MS Magellan Planet)

Zutaten für 7 Personen

250 g	Fischstäbchen
250 g	Mais (Dose)
150 g	Salatgurke
120 g	gekochte Eier
100 g	Frühlingszwiebeln
130 g	Mayonnaise
10 g	Salz
5 g	gemahlener schwarzer Pfeffer

Zubereitung:

Gurke waschen und Zwiebeln schälen. Fischstäbchen, Gurke, Eier und Frühlingszwiebeln in Würfel schneiden. Alle Zutaten mit dem Mais mischen und mit Mayonnaise anmachen.

MS APL Seattle

Gebaut als:	MS Nelson
Reederei:	NSC
Typ:	Container Vessel
Bauwerft:	Hanjin Heavy Industries & Construction Co. Ltd.
Jahr:	2007
Kapazität:	44.239 dwt
Geschwindigkeit:	22,4 kn
Besatzungsstärke:	21

Estnischer Dorschsalat mit Meerrettichsauce

(MS APL Seattle)

Zutaten für 6 Personen

900 g	Dorschfilet, in 3 cm große Stücke schneiden
2 EL	frischer Zitronensaft
¼ Tasse	vorbereiteter Meerrettich, gut abgetropft
¾ Tasse	saure Sahne
⅓ Tasse	Mayonnaise
1	Messerspitze Zucker
¼ Tasse	sehr fein gehackte Zwiebeln
2 mittelgroße	Salatgurken, geschält und fein gewürfelt
3 EL	fein gehackter frischer Dill
	frisch gemahlener schwarzer Pfeffer zum Abschmecken
1	Kopfsalat, gewaschen und vorbereitet
	Gewürzgurken zum Garnieren

Zubereitung:

Dorschfilets in einer flachen, beschichteten Pfanne mit Wasser bedecken und zum Kochen bringen. ½ TL Salz dazugeben und auf kleiner Flamme weiter kochen. Kurz bevor der Fisch auseinander fällt mit einer Gabel leicht zerreißen.
Fisch aus dem Wasser nehmen, in eine große Schüssel legen und mit Zitronensaft beträufeln. Meerrettich, saure Sahne, Mayonnaise, Zwiebeln, Salatgurken, Dill und Zucker in einer kleinen Schüssel mischen. Mit Salz und Pfeffer würzen. Meerrettich-Mischung vorsichtig aber gut mit dem Fisch vermengen.
Abdecken und 45 Minuten kühl stellen. Dorschsalat auf einem grünen Salatbett anrichten und mit Gewürzgurken garnieren.

MS Orso

Gebaut als:	MS Orso
Reederei:	W. Bockstiegel
Typ:	Container Vessel
Bauwerft:	Yangzijiang Bauwerft Huangshan
Jahr:	1999
Kapazität:	5.250 dwt/519 TEU
Geschwindigkeit:	15,5 kn
Besatzungsstärke:	14

Fischsalat

Koch: Cuento Jacinto (MS Orso)

Zutaten für 6 Personen

200 g	Kartoffeln
100 g	Karotten
100 g	Gewürzgurken
80 g	Zwiebeln
150 g	Heringsfilet
1	Ei
150 g	Öl
	Salz und Zitronensaft zum Abschmecken

Zubereitung:

Kartoffeln und Karotten ungeschält kochen, dann schälen und in kleine Würfel schneiden. Gewürzgurken, Heringsfilet und hart gekochte Eier ebenfalls fein würfeln. Zwiebeln in feine Ringe schneiden.

Alle Zutaten in einer Schüssel gut vermengen. Mit Öl und Salz würzen. Mit Zitronensaft beträufeln. Mit frischen Dill- und Petersilienzweigen garnieren.

MS APL Seattle

Gebaut als:	MS Nelson
Reederei:	NSC
Typ:	Container Vessel
Bauwerft:	Hanjin Heavy Industries & Construction Co. Ltd.
Jahr:	2007
Kapazität:	44.239 dwt
Geschwindigkeit:	22,4 kn
Besatzungsstärke:	21

Krabben-Reis-Salat

(MS APL Seattle)

Zutaten für 6 Personen

500 g	gekochtes Krebsfleisch
1 EL	frischer Zitronensaft
2 Tassen	gekochter Langkorn-Reis (⅔ Tassen ungekocht)
2 Stangen	Sellerie, fein geschnitten
2	mittelgroße Salatgurken, fein gewürfelt
1	große Essiggurke, fein gewürfelt
2 EL	gehackter frischer Dill
2 EL	frischer Schnittlauch, fein geschnitten

Dressing und Garnieren:

1 Tasse	Mayonnaise
2 EL	frischer Zitronensaft
2 TL	Tomatenmark
	Salz und frisch gemahlener schwarzer Pfeffer zum Abschmecken
	Kopfsalatblätter zum Garnieren
2	gekochte Königskrabbenbeine, in kleine Stücke geschnitten
	Petersilienzweige

Zubereitung:

Krebsfleisch in eine große Schüssel geben, mit Zitronensaft beträufeln und 5 Minuten stehen lassen. Reis, Sellerie, Salatgurken, Essiggurke, Dill und Schnittlauch mit dem Krebsfleisch vermengen. Alle Zutaten für das Dressing in einer separaten Schüssel mischen. Vorsichtig Krebsfleischmischung mit Dressing vermengen. Mit Salz und Pfeffer würzen. Abdecken und 1 Std. kühl stellen.
Krabben-Reis-Salat auf einem Bett aus Kopfsalatblättern auf einer Servierplatte anrichten. Mit Krabbenbeinen und Petersilienzweigen garnieren.

RHL Agilitas

Gebaut als:	RHL Agilitas
Reederei:	RHL Hamburger Lloyd
Typ:	Container Vessel
Bauwerft:	Gouangzou Wenchong Bauwerft
Jahr:	2008
Kapazität:	23.600 TDW
Geschwindigkeit:	21 kn
Besatzungsstärke:	19

Italienischer Gurken-Tomaten-Salat

(RHL Agilitas)

Zutaten für 4 bis 6 Personen

5–6	italienische Pflaumentomaten
3	große reife Tomaten
1 Stange	Sellerie, klein geschnitten
1	Salatgurke, in Scheiben
3–4	Zwiebeln, in feine Ringe geschnitten
1	Knoblauchzehe, halbiert
	schwarze Pfefferkörner, zerstoßen
	frisch gehackter Oregano
	frische Basilikumblätter
2 EL	Olivenöl oder Pflanzenöl
2 EL	Rotweinessig

Zubereitung:

Tomaten in Spalten schneiden und mit Sellerie, Salatgurke und Zwiebeln vermengen. Mit der Schnittseite der Knoblauchhälften eine Schüssel innen einreiben und Gemüse hineingeben. Pfeffer darüber mahlen. Oregano und Basilikum nach Belieben dazu geben. Öl und Essig gleichmäßig mischen und zum Salat geben. Bei Zimmertemperatur servieren.

MS Orso

Gebaut als:	MS Orso
Reederei:	W. Bockstiegel
Typ:	Container Vessel
Bauwerft:	Yangzijiang Bauwerft Huangshan
Jahr:	1999
Kapazität:	5.250 dwt/519 TEU
Geschwindigkeit:	15,5 kn
Besatzungsstärke:	14

Rote-Bete-Salat

Koch: Cuento Jacinto (MS Orso)

Zutaten

300 g	Kartoffeln
1 kg	Rote Beete
250 g	Karotten
100 g	Zwiebeln
100 g	Gewürzgurken
1 Dose	Erbsen
100 g	Öl
	Salz

Zubereitung:

Rote Bete, Kartoffeln und Karotten ungeschält gar kochen, danach schälen und würfeln. Gewürzgurken und Zwiebeln klein schneiden. Alle Zutaten in eine Schüssel geben und Erbsen zufügen. Alles gut vermengen. Mit Öl und Salz würzen. Mit frischen Kräutern garnieren.

AS Victoria

Reederei:	Ahrenkiel Group
Typ:	Bulkcarrier
Bauwerft:	Taizhou Catic Shipbuilding, China
Jahr:	2009
Kapazität:	32.929 TDW
Geschwindigkeit:	14,2 kn
Besatzungsstärke:	19

Kartoffelsalat mit Pilzen

(AS Victoria)

Zutaten für 10 Personen

2 Bund	Frühlingszwiebeln, fein gehackt
8	gekochte Kartoffeln
250 g	Champignons
250 g	Austernpilze
4 EL	Zitronensaft
2 TL	Senfkörner, gemahlen
8 TL	Olivenöl
6 EL	Mayonnaise
4 EL	Essig

Zubereitung:

Kartoffeln kochen, in Scheiben schneiden und abkühlen lassen. Frühlingszwiebeln über die Kartoffeln streuen, Pilze mit Küchenpapier abreiben. Stiele säubern und kappen. Pilze in dicke vertikale Scheiben schneiden. Mit Zitronensaft beträufeln. Mit Kartoffeln und Zwiebeln in eine Salatschüssel schichten. Senfpulver, Essig und Öl in einem Mixer mischen bis eine cremige Masse entsteht. Über den Salat träufeln. Etwas Mayonnaise unter den Salat mischen.

MS Arsos

Reederei:	N.N.
Typ:	Cellular Containership
Bauwerft:	Zheijang Ouhua, China
Jahr:	2007
Kapazität:	18.700 TDW
Geschwindigkeit:	19,6 kn
Besatzungsstärke:	18

Fleischsalat Tiroler Art

(MS Arsos)

Zutaten

1 kg	Fleischwurst
400 g	Gewürzgurken
200 g	Zwiebeln
300 g	Tomaten
100 g	Käse
200 g	grüne Paprikaschoten
100 g	Petersilie
100 ml	Olivenöl
50 ml	Essig
100 g	Chiliketchup
	Salz, Pfeffer

Zubereitung:

Fleischwurst, Gewürzgurken, Zwiebeln und Tomaten in kleine Würfel schneiden. Paprika klein schneiden und mit Olivenöl, Essig, Chiliketchup vermengen. Petersilie hacken. Alle Zutaten in einer Schüssel vermengen. Mit Salz und Pfeffer würzen und mit geriebenem Käse bestreuen.

Verpflegungsliste um 1600 für 190 Mann

Für die Verpflegung von 190 Mann bei einer Reisedauer von etwa drei Monaten wurde ein Schiff um 1600 mit folgendem versorgt:

8500 Pfund	getrocknetes Rindfleisch
3000 Pfund	gesalzenes Schweinefleisch
	einige Rinderzungen
660 Pfund	Kabeljau
15000 Pfund	braune Zwiebäcke
5000 Pfund	weiße Zwiebäcke
30 Scheffel	Hafermehl
40 Scheffel	getrocknete Erbsen
1 ½ Scheffel	Senfsamen
1 Fass	Salz
110 Pfund	Talg
1 Fass	Mehl
11 kleine Fässer	Butter
1 Oxthoftfass	Essig
500 hl	Bier
160 hl	Wasser
2 Oxthoftfässer	Apfelwein

Zusätzlich als Kapitänsvorrat:
Käse, Pfeffer, Korinthen, Gewürznelken, Zucker, Aquavite, Ingwer, Backpflaumen, Speck, Marmelade, Mandeln, Zimt, Wein und Reis.

*1 Scheffel = ca. 250 – 300 l Hohlmaß
*1 Oxthoftfass = ca. 100 – 150 l Hohlmaß

Fischgerichte

MS Stadt Ratzeburg

Gebaut als:	MS Stadt Ratzeburg
Reederei:	Thien & Heyenga
Typ:	Container Vessel
Bauwerft:	Dae Sun Ltd.
Jahr:	2007
Kapazität:	12.400 dwt
Geschwindigkeit:	18 kn
Besatzungsstärke:	16

Lachsfilet mit schwarzer Pfefferkruste

Koch: Esping Alaindel Antolijao (MS Stadt Ratzeburg)

Zutaten für 10 Personen

1 ½ kg	Lachsfilet
2	Zitronen
450 g	Kartoffeln
400 g	Tomaten
	Salz
	frisch gemahlener schwarzer Pfeffer
	Schnittlauch zum Garnieren

Vorbereitung:

Den Lachs in einzelne Filetstücke von je ca. 150 g zerteilen. Den Pfeffer mahlen. Die Kartoffeln schälen und in feine Stifte schneiden. Dann die Kartoffelstifte frittieren, bis sie goldbraun sind. Die Kartoffeln vor dem Servieren salzen.

Zubereitung:

Das Lachsfilet mit Salz und Zitronensaft würzen. Je nach Belieben das Lachsfilet mit dem frisch gemahlenen schwarzen Pfeffer bestreuen. In einer Pfanne die Filetstücke gut durchbraten. Danach die Tomaten in der Mitte des Tellers anrichten, das Lachsfilet daraufsetzen und die Kartoffelstifte darüber streuen. Das ganze mit Schnittlauch garnieren.

MS Jasmine Scan

Gebaut als:	MS Wisdom
Reederei:	Candler Schiffahrt GmbH
Typ:	Cargo Ship
Bauwerft:	Chongqing Dongfeng
Jahr:	2007
Kapazität:	8.8334 dwt
Geschwindigkeit:	13,8 kn
Besatzungsstärke:	13

Buntbarsch in Kokosrahm

Koch: Cezalde H. Cueva (MS Jasmine Scan)

Zutaten

2½ kg	Buntbarsch
2 Dosen	Kokosmilch
8	Knoblauchzehen, fein gehackt
1	mittelgroße Zwiebel, in Ringe geschnitten
2 EL	Ingwer, gehackt
1	grüne Paprikaschote, klein geschnitten
1	rote Paprikaschote, klein geschnitten
3 Stck.	Pak Choi (chin. Senfkohl), klein geschnitten
2 EL	Fischfond
1 Tasse	Wasser
	Salz und Pfeffer zum Abschmecken
	gehackte Frühlingszwiebeln zum Garnieren

Zubereitung:

Den Fisch säubern und in kleine Portionen zerteilen. Mit einem Küchentuch leicht abtupfen. Den Fisch mit Salz und Pfeffer bestreuen und dann in der Pfanne goldbraun braten.

Den gehackten Knoblauch solange sautieren, bis er eine goldbraune Farbe hat. Zwiebeln und Ingwer hinzufügen. Unter ständigem Rühren 3 Minuten ziehen lassen. Dann den Fischfond und das Wasser dazugeben. Das Ganze zum Kochen bringen, den angebratenen Fisch in den Sud legen und 5 Minuten kochen lassen. Die Kokosmilch dazugeben und weitere 5 Minuten köcheln lassen. Die klein geschnittene Paprika und den Pak Choi dazugeben. Das Gemüse halb gar ziehen lassen. Mit Salz und Pfeffer abschmecken und das Ganze mit Frühlingszwiebeln garnieren.

MS Conti Chiwan

Gebaut als:	MS Conti Chiwan
Reederei:	Bremer Bereederungsgsellschaft mbH & Co. KG
Typ:	Container Vessel
Bauwerft:	HDW Kiel
Jahr:	1994
Kapazität:	41.570 dwt/3.500 TEU
Geschwindigkeit:	22,5 kn
Besatzungsstärke:	22

Gegrillter Lachs

Koch: Meija Emerito Waje (MS Conti Chiwan)

Zutaten für 4 bis 5 Personen

800 g	Lachs, in 2 cm dicke Streifen, geschnitten
2 El	grobes Salz
2 EL	Öl zum Braten
	gemahlener weißer Pfeffer zum Abschmecken

Sauce:

225 ml	Sojasauce
3 EL	Zucker
3 EL	Wein zum Kochen
1	Zwiebel, gehackt
4–5 Stck.	Ingwer, gehackt

Zubereitung:

Dieser würzige Grilllachs wird mit einer Zwiebelsauce serviert. Er ist einfach zuzubereiten, es wird jedoch etwas Zeit benötigt, um den Fisch zu marinieren. Mit der Vorbereitung des Gerichts sollte mindestens 6 Stunden bevor es serviert wird begonnen werden.

Den Lachs mit Salz und Pfeffer würzen und für 2 Stunden kühl stellen. Nun die Zutaten für die Marinade am besten mit einem Stabmixer vermischen. Danach die Sauce durch ein Sieb in ein Gefäß passieren, in dem der Fisch auch mariniert werden kann. Die ausgesiebten Reste werden nicht mehr benötigt.

Den Lachs mit Küchenpapier trocken tupfen und in die Marinade geben. Den Fisch abdecken und für 6 Std. kühl stellen. Anschließend den Lachs aus der Marinade nehmen und abtropfen lassen. Nun das Öl in einer Grillpfanne etwas erhitzen und die marinierten Fischstücke hineingeben. Den Fisch kurz anziehen lassen, bis er gar ist. Serviert wird er heiß und mit Zitronenscheiben.

MS Beluga Mobilisation

Gebaut als:	MS Beluga Mobilisation
Reederei:	Beluga Group
Typ:	Container Vessel
Bauwerft:	Santy Shipbuilding China
Jahr:	2009
Kapazität:	10.700 dwt/917 TEU
Geschwindigkeit:	18,0 kn
Besatzungsstärke:	14

Gebratenes Fischfilet mit Honig-Senfsauce und Käsefüllung

Koch: Garrote Michael (MS Beluga Mobilisation)

Zutaten

2½ kg	Fischfilet (Seezunge, Red Snapper oder Roter Zackenbarsch)
225 g	Frischkäse, in Scheiben
400 g	Emmentaler Käse, in dünnen Scheiben
4 EL	Sojasauce
3 EL	Olivenöl
2 EL	Zitronensaft
4	Knoblauchzehen, fein gehackt
½ TL	Basilikum, gehackt
200 g	Semmelmehl
100 g	Maisstärke
2	Eier
	frisch gemahlener Pfeffer
	Salz
	Öl zum Braten

Zubereitung:

Den Fisch nach Belieben portionieren und die einzelnen Stücke für die Käsefüllung seitlich einschneiden. Für mindestens 30 Minuten den Fisch in einer Marinade aus Sojasauce, Zitronensaft, Olivenöl, gehacktem Knoblauch, Basilikum, gemahlenem Pfeffer und Salz ziehen lassen. Dann wird der Fisch mit jeweils einer Scheibe Emmentaler und Frischkäse gefüllt. Eier mit Maisstärke schlagen und diese Masse über den marinierten Fisch geben. Im Anschluss die Fischstücke in Semmelmehl wälzen und bei mittlerer Hitze goldbraun braten.

Honig-Senf-Sauce:

2½ Tassen Mayonnaise, 1½ Tassen lauwarmen Senf, 3 EL Honig miteinander mischen.

Alternativ empfohlene Sauce:

3 Tassen Schmand, ½ Tasse Mayonnaise, fein gehackte Gewürzgurken, 2 EL fein gehackte Zwiebeln, gehackte Petersilie, gemahlenen Pfeffer und Salz miteinander mischen.

MS Himalaya Bay

Gebaut als:	MS Stadt Trier
Reederei:	Thien & Heyenga
Typ:	Reefership
Bauwerft:	Kanasashi
Jahr:	1990
Kapazität:	11.595 dwt
Geschwindigkeit:	17 kn
Besatzungsstärke:	22

Garnelen-Curry

Koch: John Phillip Cagandahan (MS Himalaya Bay)

Zutaten:

400 ml	Kokosmilch (Dose)
1 EL	rote Currypaste
1 Tasse	rote Zwiebeln, gehackt
1 Dose	Tomaten, geschält und gehackt
2 EL	Fischfond
1 TL	Zucker
500 g	Garnelen, geschält
¼ Tasse	frischer Koriander
2 EL	Limettensaft
	frischer Basilikum
	geriebene Limettenschale
	Salz und Pfeffer
	Chilipulver

Zubereitung:

Die Kokosmilch mit dem Öl in einen Bräter geben und die Flüssigkeit für 8 bis 10 Minuten kochen lassen, bis sie eine sämige Konsistenz hat. Die Currypaste dazugeben, alles gut verrühren und die Sauce weiter köcheln lassen, bis es nach Curry duftet. Tomaten, Fischfond, Zwiebeln, abgeriebene Limettenschale und Zukker hinzufügen, gut umrühren und für 15 Minuten köcheln lassen, bis die Sauce leicht angedickt ist. Die Garnelen zur Currysauce geben und alles weitere 3 bis 4 Minuten köcheln lassen. Zum Schluss Basilikum, Koriander und Limettensaft einrühren, mit Salz und Pfeffer abschmecken und das Curry mit Reis oder einer Beilage Ihrer Wahl servieren.

LPG/C Jotagas

Gebaut als:	LPG/C Tarquin Moor
Reederei:	Sloman Neptun
Typ:	Tanker
Bauwerft:	Hyundai Heavy
Jahr:	1997
Kapazität:	7.241 dwt
Geschwindigkeit:	11,9 kn
Besatzungsstärke:	16

Fish Brodetto (Fischsuppe ital. Art)

Koch: Nilo M. Poliquit (LPG/C Jotagas)

Zutaten für 10 Personen

1½ kg	Red Snapper
½ Tasse	Zitronensaft
3 EL	Salz
2 EL	schwarzer Pfeffer, fein gemahlen
1 Tasse	Mehl
500 ml	Pflanzenöl

Sauce:

4 EL	Olivenöl
4	Knoblauchzehen, fein gehackt
3	Zwiebeln, gehackt
1	große Karotte, gerieben
1 TL	schwarze Pfefferkörner
1 TL	Tomatenmark
2 EL	Salz
1 TL	schwarzer Pfeffer, fein gemahlen
1 Tasse	Fischfond
1 Tasse	Weißwein
3 EL	Petersilie, gehackt

Zubereitung:

Den Fisch gründlich säubern, Kopf abtrennen und in drei gleich große Teile schneiden. Mit Zitronensaft beträufeln, pfeffern, salzen und in Mehl wälzen. Etwas Öl in der Pfanne erhitzen und den Fisch von beiden Seiten leicht braun (halbgar) braten. Den Fisch vom Feuer nehmen und warm stellen.

Sauce

Knoblauch und Zwiebeln in einem Bräter sautieren, bis sie goldbraun sind. Die geriebene Karotte hinzufügen und das Ganze für einige Minuten kochen lassen, bis es eine breiige Konsistenz hat. Pfefferkörner, Tomatenmark und Fischfond dazugeben. Den gebratenen Fisch in die Sauce setzen, Weißwein hinzugeben und alles auf mittlerer Hitze garziehen lassen. Die Suppe mit gehackter Petersilie garnieren. Als Beilage empfiehlt sich Polenta.

MS Elbtrader

Gebaut als:	MS Elbtrader
Reederei:	Elbdeich Reederei
Typ:	Cargo Ship
Bauwerft:	Hegemann Rolandwerft
Jahr:	2008
Kapazität:	11.100 dwt
Geschwindigkeit:	18,3 kn
Besatzungsstärke:	14

Orientalische Tintenfischringe à la Manileno

Koch: Rodel Saju (MS Elbtrader)

Zutaten für 10 bis 12 Personen

2 kg	Tintenfisch, mittelgroß
1	Zwiebel, gehackt
6	Knoblauchzehen, gehackt
4 EL	Butter
½ Tasse	Weißwein
3 EL	Sojasauce
4 EL	Austernsauce
½ TL	gestoßener schwarzer Pfeffer
1 EL	Zucker
1	Stange Sellerie (schräg geschnitten, ca. 1 cm dicke Stücke)
1	mittelgroße Karotte, geschält und gerieben

Zubereitung:

Den Tintenfisch säubern und in ca. 2,5 cm dicke Stücke schneiden. Den Fisch in ein Sieb geben und gründlich unter fließendem Wasser waschen. Knoblauch und Zwiebeln in einer mittelgroßen Pfanne sautieren, bis die Zwiebeln glasig werden. Die Hälfte des Fisches dazugeben und zugedeckt ca. 2 Minuten kochen lassen. Den Tintenfisch mit einer Schöpfkelle aus der Pfanne nehmen und den restlichen Fisch braten. Wenn er gar ist, den Fisch aus dem Sud nehmen und warmstellen. Für die Sauce den Wein hinzugeben und für 5 Minuten kochen lassen ohne umzurühren. Außer dem Gemüse die restlichen Zutaten hinzufügen, alles köcheln lassen, bis die Flüssigkeit eine etwas sämige Konsistenz hat. Den Tintenfisch wieder in den Sud geben und den Topf vom Feuer nehmen. Das Gemüse in einem Bräter braten, kurz anrühren und mit Pfeffer und Salz würzen. Kurz vor dem Servieren die Tintenfischringe obenaufgeben und mit Petersilienkartoffeln oder gedämpftem Reis servieren.

MS Jasmine Scan

Gebaut als:	MS Wisdom
Reederei:	Candler
Typ:	Cargo Ship
Bauwerft:	Chongqing Dongfeng
Jahr:	2007
Kapazität:	8.8334 dwt
Geschwindigkeit:	13,8 kn
Besatzungsstärke:	13

Gebackener Fisch à la Limosiene

Koch: Cezalde H. Cueva (MS Wisdom)

Zutaten für 10 bis 12 Personen

2½ kg	Red Snapper, gesäubert
100 g	Mayonnaise
50 g	Dijon-Senf
2 EL	Zitronensaft
1	mittelgroße Zwiebel, in Scheiben geschnitten
20 g	Butter
1 TL	Basilikum, getrocknet/gerebelt
	Salz und Pfeffer zum Abschmecken

Zubereitung:

Den gesäuberten Fisch in einzelne Portionen schneiden, mit Küchenpapier trockentupfen, pfeffern, salzen und mit Zitronensaft beträufeln. Den Fisch mit Mayonnaise und Dijon-Senf bedecken und marinieren lassen. Zwiebeln in Butter anbraten, bis sie goldbraun sind. Die marinierten Fischstücke in die Pfanne legen und mit geriebenem Basilikum bestreuen. Die Pfanne mit Aluminiumfolie bedecken und den Fisch im vorgeheizten Ofen bei 170°C für 20 Minuten backen.

LNG/C Al Ghariya

Gebaut als:	LNG/C Al Ghariya
Reederei:	PRONAV
Typ:	Tanker
Bauwerft:	Hyundai Heavy Industries Co. Ltd.
Jahr:	2008
Kapazität:	98191 dwt
Geschwindigkeit:	16,9 kn
Besatzungsstärke:	28

Geschmortes Lachsfilet in Tomaten-Basilikum-Sauce

Koch: Allan I. Israel (LNG/C Al Ghariya)

Zutaten für 10 Personen

10 Stck.	Lachsfilets à 500 g
	Olivenöl zum Braten
	Salz
Tomato-Basil Sauce	
3 EL	Olivenöl
4	mittelgroße Schalotten, fein gehackt
10	mittelgroße Tomaten, geschält, entkernt, grob gehackt
1 ¼ Tasse	Schlagsahne
½ Tasse	frische Basilikumbältter, in Streifen geschnitten
	oder
¼ Tasse	getrocknete Basilikumbältter, gerieben
	Salz und gemahlener schwarzer Pfeffer zum Abschmecken

Zubereitung:

Den Backofen auf 165 °C vorheizen. Lachsfilets mit Olivenöl bepinseln und etwa einen halben Teelöffel Salz darüberstreuen. Einen großen, beschichteten, backofenfesten Bräter erhitzen und die Filetstücke von beiden Seiten für ca. 4 Minuten leicht anbraten. Den Bräter in den Ofen stellen, weitere 5 Minuten schmoren lassen, bis der Fisch gar ist.

Sauce

Etwas Öl in einem Stieltopf erhitzen. Schalotten in den Topf geben und glasig werden lassen (ca. 2 Min.). Tomaten und Basilikumblätter hinzufügen, ca. 10 Minuten köcheln lassen, bis eine sämige Konsistenz erreicht ist. Sahne hinzugeben und weitere 2 Minuten köcheln lassen. Sauce mit Salz und Pfeffer abschmecken, Topf abdecken und warm stellen. Den Fisch auf großen, flachen und erwärmten Tellern anrichten, etwas Sauce auf den Teller füllen und ein Filetstück daraufsetzen. Heiß servieren.

MS APL Brisbane

Gebaut als:	MS Newark
Reederei:	NSC
Typ:	Container Vessel
Bauwerft:	Hanjin Heavy Industries & Construction Co. Ltd.
Jahr:	2006
Kapazität:	44.131 dwt
Geschwindigkeit:	22,4 kn
Besatzungsstärke:	21

Lachs-Tomaten-Filets

(MS APL Brisbane)

Zutaten

10 Stck.	Lachsfilets
500 g	geschälte Tomaten aus der Dose
2 ½ TL	Zwiebeln, gehackt
2 ½ TL	Kristallzucker
2 TL	Petersilienröschen
3 TL	Salz
1 TL	Pfeffer

Zubereitung:

Filetstücke in einen Bräter legen, der groß genug für alle Filets ist. Die übrigen Zutaten in einen Topf geben, unter Rühren zum Kochen bringen. Etwa 10 Minuten köcheln lassen. Gemüse über den Fisch füllen und in offener Kasserole bei 180 °C im Ofen backen, bis der Fisch beim Hineinstechen mit einer Gabel leicht auseinander fällt. Heiß Servieren.

MS Combi Dock I

Gebaut als:	MS Combi Dock I
Reederei:	Harren & Partner
Typ:	Dockship
Bauwerft:	Lloyd Werft Bremerhaven GmbH
Jahr:	2008
Kapazität:	11.000 dwt/1.347 TEU
Geschwindigkeit:	16 kn
Besatzungsstärke:	29

Pangasiusfilet mit Sauce »Ozeanbrise«

Koch: Koretskyi O. (MS Combi Dock I)

Zutaten

3–4 kg	Fischfilet (Pangasius, Zackenbarsch oder Buntbarsch)
1 kg	Garnelen
2 Dosen	Pilze
2 kg	Zwiebeln
½ kg	grüne Bohnen
100 g	Butter
½ kg	grüne Paprikaschote
	Pfeffer, Paprikapulver
200 g	Weizenmehl
50 g	Balsamicoessig

Zubereitung:

Den Fisch von beiden Seiten mit Mehl bedecken und in einer Grillpfanne goldbraun anbraten. Die Garnelen erst in Wasser kochen, dann schälen. Paprika, Zwiebeln und Pilze in kleine Streifen schneiden, in Butter anbraten bis es eine goldbraune Farbe hat. Grüne Bohnen, Salz, Paprikapulver, 1 Esslöffel Balsamicoessig, getrocknetes Basilikum und Maggiwürze (oder Sojasauce) dazugeben. Die Garnelen über den Fisch und darüber das Gemüse füllen. Bei 150 °C im Backofen für ca. 10 Minuten garen lassen. Mit Reis oder frittierten Kartoffeln servieren. Als Beilage empfiehlt sich Blumenkohl mit frisch geriebener Muskatnuss.

Posen

Gebaut als:	Posen
Reederei:	Reederei Laeisz
Typ:	Container Vessel
Bauwerft:	Aker MTW Werft
Jahr:	2007
Kapazität:	37570 TDW
Geschwindigkeit:	22 kn
Besatzungsstärke:	19

Fischfilet süß-sauer

Koch: Alfredo Gonzales (Posen)

Zutaten für 10 bis 12 Personen

120 ml	trockener Sherry
	Öl zum Fritieren
5 TL	Wasser
1400 g	Flunderfilet
6 TL	Maisstärke
1	frische Ingwerwurzel, in Scheiben geschnitten
6 TL	Weißmehl
1	Knoblauchzehe
3 TL	Salz
2	grüne Paprika, entkernt, in Streifen geschnitten
¾ Tasse	Zucker oder Honig
4 Tassen	Ananasscheiben (den Saft in eine Tasse geben)
½ Tasse	Essig
½ Tasse	Tomatenketchup
½ Tasse	Sojasauce
½ Tasse	kaltes Wasser

Zubereitung:

Sherry, Wasser, Maisstärke, Mehl und Salz zu einem Teig mixen. Öl zum Frittieren auf 375 °C in einem mittelgroßen Topf erhitzen. Den Fisch in die Pannade aus Sherry und Mehl tauchen und etwa 3 bis 4 Minuten frittieren, bis er eine goldene Farbe bekommt. Den Fisch aus dem Öl heben und warm stellen. 6 Esslöffel Öl zum Kochen erhitzen, Ingwer, Knoblauch und Paprika dazugeben und kurz anbraten. Zucker (oder Honig), Ananassaft, Essig, Ketchup und Sojasauce mischen und über das Paprikagemüse geben. Das Gemüse zum Köcheln bringen und die Maisstärke unter ständigem Rühren dazugeben, bis eine sämige Konsistenz erreicht ist. Ananasstücke dazugeben und kurz ziehen lassen. Fisch auf einer Servierplatte anrichten und die Gemüsesauce darübergeben. Mit Reis oder Kartoffeln servieren.

MS Accurate

Gebaut als:	MS Accurate
Reederei:	Candler
Typ:	Multipurpose double hull singledecker
Bauwerft:	Honda Heavy Industries Ship builder
Jahr:	1999
Kapazität:	13.347 dwt
Geschwindigkeit:	13,5 kn
Besatzungsstärke:	16

Gedämpfter Red Snapper à la Jealf

Koch: Jester Alex C Ferraer (MS Accurate)

Zutaten für 10 Personen

5	mittelgroße Red Snapper, ganz
¼ Tasse	Ingwer, gehackt
½ Tasse	frische Korianderblätter
½ Tasse	Sesamöl
2 Tassen	Sojasauce
2 Tassen	Pflanzenöl
3 EL	Zucker
2 EL	Zitronensaft
	Salz und Pfeffer

Zubereitung:

Den Fisch säubern und in zwei Hälften schneiden. Aus Salz, Pfeffer, Ingwer, Koriander, Sesamöl und Zitrone eine Marinade herstellen und den Fisch darin für 1 bis 2 Stunden ziehen lassen. Den Dampfgarer auf hohe Temperatur erhitzen und den Fisch dämpfen. Nach 7 bis 10 Minuten den Fisch herausnehmen und den Fischsud behalten. Sojasauce und Pflanzenöl getrennt voneinander erhitzen und den Fischsud in die Sojasauce geben. Zucker dazugeben, gut verrühren, zu dem Fisch geben und eine Weile ziehen lassen. Kurz vor dem Servieren den Fisch in das heiße Pflanzenöl geben. Dazu Langkornreis, sautiertes asiatisches Gemüse, Salzkartoffeln und Rahmporree für andere Nationalitäten reichen.

MS CMA CGM Ylang

Gebaut als:	MS Merkur Sky
Reederei:	Reederei Vinnen
Typ:	Container Vessel
Bauwerft:	Flensburger Schiffbau Gesellschaft
Jahr:	1997
Kapazität:	39.951 dwt
Geschwindigkeit:	14,7 kn
Besatzungsstärke:	22

Pikant gegrillte Garnelen mit Spaghetti und Tomatensauce

Koch: Than Tint Aung (MS Merkur Sky)

Zutaten für 6 Personen

1½ kg	Garnelen
500 g	Spaghetti

Sauce:

10 g	Margarine oder Butter
½	Knoblauchzehe
10 g	Mehl
25 g	Tomatenmark
10 g	Speck
50 g	Zwiebeln
50 g	Karotten
25 g	Sellerie
½	Lorbeerblatt
	Messerspitze Thymian
	Salz und Pfeffer zum Abschmecken

Marinade für die Garnelen:
rote scharfe Chiliflocken
Knoblauch
Limonensaft
Salz
Zucker
Röstgemüse

Zubereitung:

Garnelen säubern, in der Chilisauce marinieren und auf einen Bratspieß setzen. In einer beschichteten Pfanne die Garnelen auf hoher Flamme grillen. Die Spaghetti al dente kochen und Wasser abgießen. Butter oder Margarine schmelzen, das Röstgemüse dazugeben und leicht braun werden lassen. Mehl dazugeben und andicken lassen, bis die Farbe kräftiger ist. Tomatenmark dazurühren und Pfanne vom Feuer nehmen. Nach und nach das Kochwasser dazugießen und unter ständigem Rühren zum Kochen bringen. Knoblauchzehe hinzufügen und abschmecken. Spaghetti mit Tomentensauce vermengen und mit Basilikum-Pesto servieren.

Außergewöhnliche Frachten verlangen außergewöhnliche Ernährung. Hier wird eine komplette Autofähre an Bord gehievt.

Überhaupt werden durch »unsere Catering-Schiffe« teilweise logistische Meisterleistungen vollbracht. Das Foto zeigt MS »Annemieke« der Reederei SAL, Steinkirchen.

Das Laden und Löschen schwerer Lasten ist nur mit schwerem Geschirr zu bewältigen.

Gerade hier ist es wichtig, ausgewogenen und ausreichenden Proviant an Bord der Schiffe zu liefern.

Die Arbeit an Bord dieser Schiffe verlangt den Besatzungen alles ab.

Erst wenn die Ladung seefest an Bord gelasht (befestigt) ist, kann von »normalem« Bordbetrieb gesprochen werden.

MS BBC Tasmania

Reederei:	Candler
Typ:	General Cargo Vessel
Bauwerft:	Dongfeng Ship Industry
Jahr:	2007
Kapazität:	8.200 t
Geschwindigkeit:	12 kn
Besatzungsstärke:	12

Gefüllter Tintenfisch

Koch: Eric Lafuente (MS BBC Tasmania)

Zutaten für 10 Personen

1 kg	Tintenfisch
3 EL	Sojasauce
3 EL	Zitronensaft
250 g	Schweinehack
3 Tassen	Karotten, gehackt
250 g	Zwiebeln, gehackt
2 EL	Schnittlauch, gehackt
1	Ei, geschlagen
¼ TL	Salz
¼ TL	Pfeffer
1 Tasse	Mehl
1 Würfel	Hühnerbrühe (Mehl und Brühwürfel mischen)
1 Tasse	Semmelmehl
	Öl zum Braten

Zubereitung:

Tintenfisch in Sojasauce und Zitronensaft mindestens eine Stunde marinieren. Schweinehack, Karotten, Zwiebeln, Schnittlauch, Eier, Salz und Pfeffer vermengen. Fisch mit dem Hackgemisch füllen und Kopf und Körper des Fisches mit Zahnstochern befestigen. Mehl, Brühwürfel, Salz und Pfeffer mischen. Den gefüllten Tintenfisch zuerst in Mehl, dann im geschlagenen Ei und zuletzt im Semmelmehl wälzen. Den Fisch im schwimmenden Öl goldbraun ausbacken. Dazu Kartoffelpuffer oder Kartoffelkroketten reichen.

MS Industrial Dawn

Gebaut als:	MS Orion J
Reederei:	Jüngerhans
Typ:	Heavy Lift Vessel
Bauwerft:	Estaleiros Navais de Viana do Castelo
Jahr:	2007
Kapazität:	800 dwt
Geschwindigkeit:	16 kn
Besatzungsstärke:	13

Schwarzes Tintenfischrisotto

(MS Industrial Dawn)

Zutaten

20 Stck.	Jakobsmuscheln	1	Zwiebel, fein gehackt
20 Stck.	Garnelen		Tintenfischtinte
1 kg	Tintenfisch, gesäubert und in Streifen geschnitten		frische Basilikumblätter
			Petersilie, fein gehackt
1 Tasse	Weißwein		Knoblauch
1 kg	Miesmuscheln, gesäubert, gebürstet	1 Msp.	Chiliflocken
½ kg	Venusmuscheln, gesäubert, gebürstet		Olivenöl
4 Tassen	Arborio-Reis		

Zubereitung:

Meeresfrüchte säubern. Basilikum, Petersilie, Knoblauch, Olivenöl, Salz und Pfeffer mischen. Die Masse über Garnelen, Jacobsmuscheln und Tintenfisch geben und für 2 Stunden marinieren lassen.

2 Tassen Weißwein in einer Pfanne zum Kochen bringen und Mies- und Venusmuscheln dazugeben. Muscheln ca. 3 Minuten kochen lassen, bis sie sich öffnen. Die Muscheln aus dem Sud nehmen. Muschelsud für die Zubereitung des Risottos aufheben. Geflügelfond, Tintenfischtinte und Muschelsud in vier Töpfen vermischen und zum Kochen bringen. Zwiebeln in der Pfanne glasig werden lassen und kochenden Wein dazugeben.

Unter Rühren den Reis und das Gemisch aus Geflügelfond und Tinte dazugeben. Den Reis unter ständigem Rühren gar kochen. Garnelen und Jacobsmuscheln kurz anbraten, bis Garnelen pinke Farbe annehmen. Mies- und Venusmuscheln dazugeben. Nach Belieben mit Salz, Pfeffer und Chiliflocken würzen. Risotto in der Mitte des Tellers anrichten und den Tintenfisch daraufgeben. Muscheln um das Reisbett anrichten und alles mit Bratensaft beträufeln. Unbedingt heiß servieren

MS Corona J

Gebaut als:	MS Corona J
Reederei:	Jüngerhans
Typ:	Container Vessel
Bauwerft:	Jiangsu Yangzijiang Shipbuilding Co. Ltd.
Jahr:	2002
Kapazität:	17.150 dwt/1.180 TEU
Geschwindigkeit:	20 kn
Besatzungsstärke:	19

Fischröllchen mit Lauchsauce

Koch: Catalan Camilo (MS Corona J)

Zutaten

1 kg	Fischfilet (Red Snapper oder Zackenbarsch)
¼ kg	Schinkenspeck
2 EL	Salz
1 TL	gemahlener weißer Pfeffer

Bèchamel-Sauce:

1 l	Frischmilch
120 g	Mehl
400 g	Mehlschwitze
	Nelken zum Aromatisieren
	Muskatnuss
	Salz und Pfeffer

Zubereitung:

Fisch filetieren und mit Salz und Pfeffer würzen. Den Fisch in Schinkenspeck einrollen und beides mit Holzstäbchen befestigen. Öl in einer tiefen Bratpfanne erhitzen. Fischröllchen im heißen Fett ausbacken. Dazu Bèchamel-Sauce servieren. Mit frischen Lauchblättern garnieren.

LNG/C Epsilongas

Gebaut als:	LNG/C Epsilongas
Reederei:	Sloman Neptun
Typ:	Tanker
Bauwerft:	Mutzelfeldwerft G.M.
Jahr:	2000
Kapazität:	6.175 dwt
Geschwindigkeit:	15,5 kn
Besatzungsstärke:	15

Kasserole von Meeresfrüchten

Koch: Virgilio C. Pontage (LNG/C Epsilongas)

Zutaten für 10 bis 12 Personen

2	Lapu-Lapu-Fische (philippinischer Fisch)
2 kg	mittelgroße Garnelen, ungeschält
1 kg	Krebsfleisch
½ kg	gekochtes Muschelfleisch
1 Dose	grüne Erbsen
1	mittelgroße grüne Paprika, in Streifen geschnitten
1 Stange	Sellerie, klein geschnitten
1	große rote Zwiebel, gehackt
1	mittelgroße Karotte, klein geschnitten und gekocht
½ Tasse	Brühe
3 EL	Mehl
1 TL	Zitronensaft
2 Msp.	Maggi-Würze
	Salz und Pfeffer

Zubereitung:

Fisch mit Zitronensaft, Salz und Pfeffer würzen und bei 350 °C 20 Minuten im Backofen backen. Fisch abkühlen lassen.

Zwiebeln in Olivenöl glasig anbraten, Mehl und Gewürze dazugeben. Alles gut verrühren. Brühe dazugießen und die Mischung unter Rühren andicken lassen. Restlichen Zutaten hinzufügen. Alles über den Fisch geben, geriebenen Käse darüberstreuen und einige Butterflocken oben aufsetzen. Bei 350 °C 15 Minuten backen. Heiß servieren.

MS Hoheriff

Gebaut als:	MS Hoheriff
Reederei:	Reederei Rass
Typ:	Container Vessel
Bauwerft:	Yangfan Shipgroup
Jahr:	2007
Kapazität:	11.500 dwt / 957 TEU
Geschwindigkeit:	18,8 kn
Besatzungsstärke:	16

Fisch Caprese

Koch: Michael Paez (MS Hoheriff)

Zutaten für 4 Personen

4	Tomaten
2	kleine Zucchini
250 g	Mozzarella
	Salz
	frisch gemahlener Pfeffer
2 TL	getrocknete italienische Kräuter
2–3 EL	Olivenöl
4	Rotbarsche
	Basilikumblätter

Zubereitung:

Tomaten waschen, Strunk entfernen und in Scheiben schneiden. Zucchini waschen, die Enden entfernen und in Scheiben schneiden. Mozzarella abtropfen lassen und in 12 Scheiben schneiden. Jeweils die Hälfte der Tomaten-, Zucchini- und Mozzarellascheiben überlappend in einer flachen, gefetteten Auflaufform im vorgeheizten Backofen auslegen. Mit Salz, Pfeffer und der Hälfte der Kräuter bestreuen und 2 Esslöffel Öl darüber träufeln. Den Fisch unter fließendem kalten Wasser waschen und mit Küchenpapier trockentupfen. Mit Salz und Pfeffer bestreuen und auf die Gemüse-Käse-Mischung in der Auflaufform legen. Die übrigen Gemüse- und Käsescheiben jeweils überlappend auf dem Fisch verteilen. Salz, Pfeffer, restliche Kräuter und übriges Öl darübergeben. Form ohne Deckel in den Backofen stellen. Basilikum waschen, Stengel entfernen, fein hacken und über das Fischgratin streuen.

MS Scan Hansa

Gebaut als:	MS Scan Hansa
Reederei:	Scanscot
Typ:	Cargo Ship
Bauwerft:	Peene Werft
Jahr:	1999
Kapazität:	7.228 dwt
Geschwindigkeit:	15,4 kn
Besatzungsstärke:	17

Pikante Garnelen in Kokosmilch

Koch: Allan C. Ignacio (MS Scan Hansa)

Zutaten für 15 Personen

3 kg	mittelgroße Garnelen, ungeschält
1	Knoblauchzehe, fein gehackt
1	große Zwiebel, gehackt
5	mittelgroße grüne Paprika, in Streifen geschnitten
400 ml	Kokosmilch (1 Dose)
250 ml	Tomatenketchup
3 EL	Sambal Olek
1 EL	Currypulver
	gehackte Petersilie zum Garnieren
	Salz und Pfeffer

Zubereitung:

Garnelen waschen und säubern. Knoblauch in einer Pfanne goldbraun anbraten, Zwiebeln hinzufügen und glasig werden lassen. Currypulver und Sambal Olek dazugeben. Garnelen in die Pfanne geben und kurz anbraten. Ketchup und Kokosmilch hinzufügen. Gut verrühren und Paprika dazugeben. Bei mittlerer Hitze das Gericht abgedeckt 3 Minuten köcheln lassen. Mit Salz und Pfeffer würzen. Solange köcheln, bis die Garnelen bissfest sind. Mit Petersilie garnieren und sofort servieren.

MS Warnow Beluga

Gebaut als:	MS Medmichigan
Typ:	Cargo Ship
Bauwerft:	Zhejiang Ouhua Shipbuilding Co.
Jahr:	2008
Kapazität:	18.700 dwt
Geschwindigkeit:	14,2 kn
Besatzungsstärke:	17

Gerolltes Fischfilet in Bèchamel-Sauce

Koch: Petilo Rolando Tan (MS Warnow Beluga)

Zutaten

1½ kg	Fischfilet
10	dünne Scheiben Schinkenspeck
1 Tasse	Gemüsefond
1 Tasse	Schlagsahne
½ Tasse	Mehl
4 EL	Schlagsahne
	Butter oder Margarine
	Salz
	frisch gemahlener Pfeffer
	geriebene Muskatnuss

Zubereitung:

Den Fisch unter fließendem kaltem Wasser waschen, mit Küchenpapier trocken tupfen und von beiden Seiten mit Salz und Pfeffer bestreuen. Auf jedes Filetstück nun 2 Scheiben Schinkenspeck legen, dann aufrollen und die Rolle mit einem Holzstäbchen befestigen.

Sauce:

Butter (oder Margarine) in einer großen Pfanne erhitzen, Mehl dazugeben und eine Mehlschwitze herstellen. Danach unter ständigem Rühren den Gemüsefond und die Schlagsahne dazugießen. Die Sauce unter Rühren für weitere 5 Minuten kochen.

Nun die Fischröllchen in die Sauce legen, das Ganze zudecken und für 10 Minuten leise köcheln lassen. Vor dem Servieren den Fisch aus der Bèchamel-Sauce nehmen.

MS Hoheplate

Gebaut als:	MS Hoheplate
Reederei:	Reederei Rass
Typ:	Container Vessel
Bauwerft:	Yangfan Shipgroup
Jahr:	2007
Kapazität:	11.500 dwt/957 TEU
Geschwindigkeit:	18,8 kn
Besatzungsstärke:	15

Krebsfleisch mit Brie

Koch: Escosa Jiffrey (MS Hoheplate)

Zutaten für 18 Personen

1 Tasse	Krebsfleisch
½ Tasse	fein gehackter Räucherschinken
2	Schalotten, in feine Scheiben geschnitten
2	kleine Knoblauchzehen, fein gehackt
½ TL	gemahlener schwarzer Pfeffer
½ TL	Salz
18	Teigplatten Blätterteig
8 EL	zerlassene Butter
500 g	Brie (rund)
2	große Eier
2 EL	Wasser

Zubereitung:

Krebsfleisch, Schinkenspeck, Schalotten, Knoblauch, Pfeffer und Salz in einer Schüssel vermengen.
Käseschale des Bries an der oberen Seite entfernen und die Krebsfleischmasse darauf füllen. Nun den Blätterteig vorbereiten. Bitte den Anweisungen für runde Teigformen folgen.
In einer kleinen Schüssel das Ei mit Wasser aufschlagen, bis es schaumig ist.
Den Blätterteig mit dem Ei bepinseln und auf ein gefettetes Backblech legen. Alles im vorgeheizten Backofen bei 190 °C für 12 bis 15 Minuten backen, bis der Teig sich goldbraun färbt. Frisch aus dem Ofen servieren.

Hungernde Matrosen und satte Ratten

Der Speiseplan auf einem Piratenschiff war alles andere als abwechslungsreich und gesund.
Auf den langen Reisen verdarb der meiste frische Proviant leicht. Deshalb bestanden die meisten Mahlzeiten aus Dörrfleisch und Schiffszwieback. Für Eier kamen Hühner mit auf Reisen, die wurden dann bei Bedarf auch verspeist. Unterwegs wurden Fische und Seeschildkröten gefangen und gegessen. Da es auf den Schiffen oft eng und nicht sehr hygienisch zuging, breitete sich auch das Ungeziefer unter Deck aus. Neben Maden und Würmern machten sich auch Ratten über die Vorräte her.
Sauberes Trinkwasser war ein Problem. In den Holzfässern legten sich Algen an, es stank und wurde schnell schlecht. Bei langen Fahrten musste es auch eingeteilt und rationiert werden. Auch deshalb wurde viel Alkohol an Bord getrunken, denn der brannte den Magen aus und ließ gar keinen Hunger aufkommen.
Krank wurden die Piraten auch, weil sie kaum frisches Gemüse und Obst aßen und ihnen deshalb wichtige Vitamine fehlten. Isst man vier bis sechs Wochen kein Vitamin C, wie es in Zitrusfrüchten enthalten ist, dann können die Zähne ausfallen, Wunden heilen schlechter, man wird blass und bekommt Herzprobleme. Diese Krankheit bei Vitamin C-Mangel nennt man Skorbut. Gemüse und Obst wurde, aber bei der Hitze und der Feuchtigkeit an Bord leicht faul. Und so hatten die Seefahrer oft mit Skorbut zu kämpfen. Viele starben auch daran. Erst 1753 entdeckte James Lind, dass man sich durch Zitrusfrüchte vor der Krankheit schützen konnte. Der Entdecker James Cook hörte als erster auf Lind und ließ seine Mannschaft jeden Tag Zitronen essen - das half.

Hühnerfleisch-
gerichte

MS Cape Delfaro

Gebaut als:	MS San Pablo
Reederei:	NSC
Typ:	Cargo Ship
Bauwerft:	Dalian Bauwerft
Jahr:	2004
Kapazität:	30.343 dwt
Geschwindigkeit:	19,4kn
Besatzungsstärke:	23

Chicken Parmigiana

Koch: Max O. Udtuhan (MS Cape Delfaro)

Zutaten für 6 Personen

700 g	Hähnchenbrustfilet ohne Haut
800 g	Auberginen
4 EL	Öl
2	geschlagene Eier
50 g	Parmesan, gerieben
2	Knoblauchzehen, gepresst
400 g	gehackte Tomaten (Dose)
225 g	Zwiebeln, gehäutet
1 TL	Oregano, getrocknet/gerebelt
180 g	Mozzarella, in Scheiben
1 Msp.	frisch geriebene Muskatnuss
1 Msp.	Zucker
	Salz und Pfeffer

Zubereitung:

Die Auberginen der Länge nach in 1 cm dicke Scheiben schneiden. Danach waschen und mit einem Küchenpapier trocken tupfen. Anschließend die Auberginenscheiben von beiden Seiten mit Öl betupfen und auf jeder Seite einige Minuten goldbraun anbraten. Dann etwas abkühlen lassen. Die Hähnchenfilets zunächst in die Eimasse und dann in den Parmesan tauchen.

2 Esslöffel Öl in einer Pfanne erhitzen und die Filets von beiden Seiten scharf anbraten.

Die Schalotten in feine Ringe schneiden und dann gemeinsam mit dem Knoblauch in einer Pfanne goldbraun braten. Unter Rühren die Tomaten, Muskatnuss, Oregano, Zucker und Gewürze dazugeben.

Die Tomatenmasse dann in eine flache Auflaufform füllen (2 l Fassungsvermögen). Abwechselnd die Hähnchenfilets und die Auberginenscheiben obenauf legen. Alles mit Mozzarellascheiben und dem restlichen Parmesan bedecken. Das Gericht bei 190 °C für etwa 20 bis 30 Minuten im Backofen gratinieren, bis das Hähnchen goldbraun ist. Das Gratin mit Knoblauchbrot und gemischtem Salat servieren.

MS MSC Natal

Gebaut als:	MS Merkur Star
Reederei:	Reederei Vinnen
Typ:	Container Vessel
Bauwerft:	Flensburger Schiffbau Gesellschaft
Jahr:	1996
Kapazität:	39.528 dwt
Geschwindigkeit:	19,4 kn
Besatzungsstärke:	24

Hähnchenbrust mit Haferflocken

(MS MSC Natal)

Zutaten

½	Hähnchenbrust (pro Person)
1 Msp.	schwarzer Pfeffer
3 g	Salz
2 g	Hähnchengewürz
50 ml	Öl zum Braten
200 g	Haferflocken
2	Eier

Zubereitung:

Das Hähnchenfilet in vier gleich große Teile zerteilen. Das Fleisch mit Salz, Pfeffer und Hähnchengewürz würzen.

2 Eier verrühren und das Hähnchenfilet darin wälzen, anschließend in den Haferflocken. Etwas Öl in einer Pfanne erhitzen und das Filet von beiden Seiten goldbraun braten.

MS Stadt Hamburg

Gebaut als:	MS Stadt Hamburg
Reederei:	Thien & Heyenga
Typ:	Container Vessel
Bauwerft:	Mützelfeldtwerft
Jahr:	1998
Kapazität:	12.920 dwt
Geschwindigkeit:	20,0 kn
Besatzungsstärke:	19

Hühnchen-Curry

(MS Stadt Hamburg)

Zutaten für 17 Personen

2 Dosen	Kokosmilch
5 kg	Hühnchenfleisch
½ Tasse	Öl zum Kochen
3–4 EL	Currypulver
5	Knoblauchzehen
2 EL	Chilipulver
1 Tasse	Tomatensauce
2 TL	Salz
1	große Zwiebel, fein gehackt
3 TL	Maggi-Würze
2 EL	Zucker

Zubereitung:

Knoblauch und Zwiebeln in Öl kurz anbraten, das Hühnchenfleisch dazugeben und es zugedeckt für 5 Minuten schmoren lassen. Dann Currypulver, Chilipulver, Salz und Maggiwürze hinzufügen. Gut umrühren. Unter Rühren die Kokosmilch und die Tomatensauce dazugeben und alles auf kleiner Flamme köcheln lassen, bis das Hühnchen zart ist. Gelegentlich umrühren.

Das Curry-Gericht sollte nicht trocken sein, wenn nötig Flüssigkeit hinzufügen. Das Curry mit gebratenen Zwiebelringen, grüner Paprika und Bratkartoffeln servieren.

MS CMA CGM Montenegro

Gebaut als:	MS Helene J
Reederei:	Jüngerhans
Typ:	Container Vessel
Bauwerft:	MTW Schiffswerft Wismar
Jahr:	1997
Kapazität:	26.100 dwt/1.900 TEU
Geschwindigkeit:	19,2 kn
Besatzungsstärke:	25

Hühnchen »Adobo«

Koch: Rodulfo Adobo (MS CMA CGM Montenegro)

Zutaten für 10 Personen

2½ kg	ganze Hühnchen
½ Tasse	Weißweinessig
½ Tasse	Sojasauce
50 g	Knoblauch
6	getrocknete Lorbeerblätter
½ TL	schwarzer Pfeffer, ganz
3 EL	Zucker
3 EL	Austernsauce
	Salz und Pfeffer

Zubereitung:

Das Hühnchen in kleine Teile schneiden. Das Fleisch mit allen Zutaten in einer Schüssel vermengen und es für etwa 5 Minuten marinieren lassen. Alles in einen großen Topf füllen und das Fleisch für 30 Minuten kochen bis die Sauce dicker wird.

Zum Hühnchen »Adobo« Curry-Knoblauch-Reis oder einfachen Reis servieren.

MT Avalon

Gebaut als:	MT Avalon
Reederei:	Carl Büttner
Typ:	Tanker
Bauwerft:	3 Maj Shipbuilding
Jahr:	2005
Kapazität:	23.400 dwt
Geschwindigkeit:	13,5 kn
Besatzungsstärke:	20

Hühnchen Embotido

Koch: Joel P. Latoga (MT Avalon)

Zutaten für 10 Personen

2½ Tassen	Hühnerfleisch, klein geschnitten
1 Tasse	Wiener Würstchen, klein geschnitten
½ Tasse	Schweinehack
2 EL	Brühe
4	Eier
½ Tasse	Gewürzgurken, klein geschnitten
½ Tasse	geriebener Käse
1¼ TL	Pfeffer
¼ Tasse	Semmelmehl
	Schweineschmalz
	Bauchspeckscheiben

Zubereitung:

Alle Zutaten mit Ausnahme des Schweineschmalzes sehr gut miteinander vermengen. Die Fleischmasse in kleine Portionen teilen. Kleine Stangen formen und jede einzelne mit einem Stück Bauchspeck umwickeln. Die Stangen nun jeweils mit einem Seihtuch umwickeln und die Enden befestigen. Die Röllchen in einen Dampfgarer legen und sie für 50 Minuten dämpfen lassen. Dann abkühlen und für 30 Minuten ruhen lassen, bevor man sie schneidet.

MS Wilma

Gebaut als:	MS Wilma
Reederei:	Schiffahrtskontor Altes Land
Typ:	Heavy Lift Vessel
Bauwerft:	J. J. Sietas KG Schiffswerft GmbH & Co.
Jahr:	1997
Kapazität:	9549 dwt
Geschwindigkeit:	20 kn
Besatzungsstärke:	20

Karamellisiertes Hühnchen (Asiatisches Gericht)

Koch: Don Gonzales (MS Wilma)

Zutaten für 6 bis 8 Personen

2	Hühnchen (à 1 ½ kg)
1 Tasse	Steinsalz
1 Tasse	zerlassene Butter
1 Tasse	Ananas aus der Dose
1 ½ Tasse	brauner Zucker
	Salz
	Pfeffer, frisch gemahlen

Zubereitung:

Den Backofen auf 180 °C vorheizen. Die Hühnchen in servierbare Portionen zerteilen, waschen und sie trocknen. Dann mit Steinsalz einreiben. Das Hühnchenfleisch in einen Bräter legen, mit frisch gemahlenem Pfeffer würzen, die zerlassene Butter darüber träufeln und es für eine Stunde in den Backofen geben. Die zerstoßene Ananas mit dem braunen Zucker zerstoßen und die Mischung über das Hühnchen geben. Die Ofentemperatur auf 200 °C erhöhen und das Gericht für weitere 15 Minuten garen. Reis dazu reichen.

MS Industrial Dolphin

Gebaut als:	MS Henricus J
Reederei:	Jüngerhans
Typ:	Heavy Lift Vessel
Bauwerft:	Estalieros Navais de Viana do Castelo
Jahr:	2007
Kapazität:	8.000 dwt
Geschwindigkeit:	16,0 kn
Besatzungsstärke:	14

Hühnchen »Pilau«

Koch: Johnson Rey Dumandan (MS Industrial Dolphin)

Zutaten für 4 Personen

1 Tasse	gehackte Zwiebeln
2	Knoblauchzehen, zerdrückt
2 El	Öl
1	ganze Hähnchenbrust (ca. 300 g), ohne Haut und Knochen, in Würfel geschnitten
1 Tasse	Reis
⅓ Tasse	Rosinen
1 TL	Salz
1 TL	gemahlener Ingwer
¼ TL	schwarzer Pfeffer
1 Dose	Aprikosenhälften (ca. 500 g)
	Sojasauce
2 EL	Sherry
2 Tassen	Hühnerbrühe

Zubereitung:

Zwiebeln und Knoblauch in Öl anbraten. Wenn sie weich und glasig sind, jedoch nicht braun, das Hühnchen dazugeben und es für 2 Minuten braten lassen. Nun Reis, Rosinen, Salz, Ingwer und Pfeffer hinzugeben. Den Fruchtsaft der Aprikosen mit Sojasauce, Sherry und Brühe mischen und den Reis dazugeben. Den Reis zum Kochen bringen, gelegentlich umrühren. Dann die Hitze reduzieren und den Reis bei geschlossenem Deckel 25 Minuten köcheln lassen, bis er alle Flüssigkeit aufgenommen hat. Die Aprikosenhälften dazugeben und alles noch einmal gründlich erhitzen.

MS Matthias Claudius

Gebaut als:	MS RHL Aurora
Reederei:	RHL Reederei Hamburger Lloyd
Typ:	Container Vessel
Bauwerft:	Guangzhou Wenchong Bauwerft
Jahr:	2006
Kapazität:	23.600 t/1275 TEU
Geschwindigkeit:	21 kn
Besatzungsstärke:	21

Chicken Chilly Fry

(MS Matthias Claudius)

Zutaten für 10 Personen

2 kg	Hühnchen (ohne Knochen)
200 g	Zwiebeln
150 g	Tomaten
150 g	Paprikaschote
15 g	Ingwer
15 g	Knoblauch
5 g	grüne Chilischoten
5 g	Chilipulver
5 g	Kurkuma
	Öl zum Braten
	Salz zum Abschmecken

Zubereitung:

Hühnchen in mundgerechte Stücke schneiden. Ingwer, Knoblauch, Chilipulver, Kurkuma und Salz mischen. Die Hälfte der Ingwer-Knoblauch-Paste zum Hühnchen geben und 2 Stunden marinieren lassen. Das marinierte Hühnerfleisch in sehr wenig Öl braten, dann beiseite stellen. Zwiebeln klein schneiden und in Öl für etwa 4 Minuten anbraten, dann restliche Ingwer-Knoblauch-Paste, Paprikaschote und grüne Chilischoten dazu geben. Wenn die Paprikaschote gar ist, gebratenes Hühnchenfleisch zugeben und einige Minuten mitbraten. Tomaten klein schneiden und dazugeben, mit Salz abschmecken und köcheln lassen. Mit frischen Paprikastreifen garnieren.

MS Stadt Köln

Gebaut als:	MS Stadt Köln
Reederei:	Thien & Heyenga
Typ:	Container Vessel
Bauwerft:	Hanjin Heavy Industries & Construction Co. Ltd.
Jahr:	2007
Kapazität:	44.227 dwt
Geschwindigkeit:	22,4 kn
Besatzungsstärke:	18

Hähnchen-Kebab

Koch: Wilbert Young Villano (MS Stadt Köln)

Zutaten für 10 bis 12 Personen

3	Hähnchen (ohne Haut und Knochen)
2	große Zwiebeln, gehackt
2	Knoblauchzehen, gepresst
¾ Tasse	Olivenöl
	Saft einer Zitrone
2 TL	Paprikapulver
	Salz
	frisch gemahlener schwarzer Pfeffer

Zubereitung:

Hähnchen in mundgerechte Stücke schneiden. Zwiebeln, Knoblauch, Olivenöl, Zitronensaft und Paprikapulver mischen, mit Salz und Pfeffer würzen. Marinade über das Fleisch geben und gut untermischen. Fleisch zudecken und an einem kühlen Ort für mind. 2 Stunden marinieren lassen. Das Fleisch auf einen großen, metallenen Grillspieß auffädeln. Fleischspieß für 10 bis 15 Minuten, grillen bis es gar ist.

MS Stadt Lauenburg

Gebaut als:	MS Stadt Lauenburg
Reederei:	Thien & Heyenga
Typ:	Container Vessel
Bauwerft:	Dae Sun Ltd.
Jahr:	2007
Kapazität:	12.400 dwt
Geschwindigkeit:	18,0 kn
Besatzungsstärke:	15

Hähnchenjägerschnitzel

Koch: Redolme Ramil B. (MS Stadt Lauenburg)

Zutaten

2 kg	Hähnchenbrust
½ kg	Knoblauch
1 l	Zitronensaft
3 kg	Reis
4 l	Orangensaft
3 kg	rote Äpfel
	Salz und Pfeffer zum Abschmecken

Zubereitung:

Das Fleisch in einer Marinade aus Zitronensaft, Knoblauch, Salz, Pfeffer und Öl für 2 Stunden ziehen lassen. Marinierte Hähnchenbrust grillen oder braten, bis es durch ist, jedoch nicht trocken. Mit Bratkartoffeln und Gemüse oder Pommes frites servieren.

MS Industrial Dawn

Gebaut als:	MS Orion J
Reederei:	Jüngerhans
Typ:	Heavy Lift Vessel
Bauwerft:	Estaleiros Navais de Viana do Castelo
Jahr:	2007
Kapazität:	800 dwt
Geschwindigkeit:	16 kn
Besatzungsstärke:	13

Hähnchen Yakitori

(MS Industrial Dawn)

Zutaten

10	Hähnchenbrustfilets
½ Tasse	Teriyaki-Sauce
½ Tasse	Honig
4	Knoblauchzehen (fein gehackt)
1 TL	gemahlener Ingwer
	Öl zum Braten
10	Holz-Grillspieße

Zubereitung:

Teriyaki-Sauce, Honig, Knoblauch und Ingwer in einer Schüssel mischen und über das Fleisch geben. Gut vermengen und für mehrere Stunden oder über Nacht marinieren lassen. Hähnchenbrüste jeweils wellenförmig auf einen Grillspieß fädeln. Grill oder Grillpfanne erhitzen und die Fleischspieße in wenig Öl von jeder Seite 2 bis 4 Minuten braten. Nach dem Anbraten das Fleisch mit Marinade bepinseln. Vor dem Servieren die Marinade wieder entfernen.

MS Hoheplate

Gebaut als:	MS Hoheplate
Reederei:	Reederei Rass
Typ:	Container Vessel
Bauwerft:	Yangfan Shipgroup
Jahr:	2007
Kapazität:	11.500 dwt/957 TEU
Geschwindigkeit:	18,8 kn
Besatzungsstärke:	15

Hühnchen in scharfer Walnusssauce

Koch: Escosa Jiffrey (MS Hoheplate)

Zutaten für 18 Personen

18	große Hähnchenbrustfilets (ohne Haut und Knochen)
6 EL	Pflanzenöl
2	große Zwiebeln, gehackt
1 ¾ Tassen	fein gehackte Walnüsse
1 ¾ Tassen	ungesüßter Granatapfelsaft
1 ¼ Tassen	Wasser
4 TL	Zimt, gemahlen
1 ½ TL	Salz
1 ¼ TL	Koriander, gemahlen
½ TL	Piment (Nelken), gemahlen
⅛ TL	Pfeffer

Zubereitung:

Die scharfe Walnusssauce (Satsivi) ist in der traditionellen georgischen Küche eine typische Zutat für Fleisch-, Fisch- und Geflügelgerichte. Außerdem ist sie farbecht, daher sollten Köche auf ihre Kleidung achten. Öl in einer Pfanne erhitzen und Hähnchenfilet bei mittlerer Hitze von jeder Seite 10 Minuten braten. Filets aus der Pfanne nehmen und im verbleibenden Öl die Zwiebeln glasig werden lassen. Restliche Zutaten dazugeben und verrühren. Fleisch dazugeben und aufkochen lassen, dann Hitze reduzieren und gar ziehen lassen (ca. 10 Minuten). Fleisch aus der Pfanne nehmen und warm halten. Die Walnusssauce aufkochen, dann Hitze verringern und ohne Deckel einreduzieren lassen (ca. 5 Minuten). Gelegentlch umrühren. Sauce mit einem Löffel über dem Fleisch verteilen.

MS Industrial Champ

Gebaut als:	MS Ursa J
Reederei:	Jüngerhans
Typ:	Heavy Lift Vessel
Bauwerft:	Estaleiros Navais de Viana do Castelo
Jahr:	2000
Kapazität:	8.000 dwt
Geschwindigkeit:	16 kn
Besatzungsstärke:	12

Hähnchenschenkel mit Chili

(MS Industrial Champ)

Zutaten für 10 bis 12 Personen

4 EL	Öl
2	Zwiebeln, fein gehackt
2	Knoblauchzehen, gepresst
1 Tasse	Tomatenketchup
6 EL	Worcester-Sauce
2–3 EL	Chiligewürz
1 Tasse	Rotweinessig
4 EL	Aprikosenmarmelade
2 TL	Senf
30	Hähnchenschenkel
	Petersilienzweige

Zubereitung:

Öl in einer Pfanne erhitzen. Zwiebeln und Knoblauch dazugeben und leicht braun werden lassen. Ketchup, Worcester-Sauce, Chiligewürz, Essig, Marmelade und Senf hinzufügen und alles gut verrühren. Langsam zum Kochen bringen, 2 Minuten köcheln lassen und vom Feuer nehmen. Hähnchenschenkel auf ein Bratblech legen und Sauce darüber füllen.

Für mindestens 3 Stunden marinieren lassen. Hähnchenschenkel gelegentlich umdrehen. Vor dem Grillen Marinade abgießen und für die Sauce aufheben. Fleisch im vorgeheizten Backofen auf Grillstufe bei mäßiger Hitze garen. Hähnchenschenkel von jeder Seite 8 Minuten grillen bis sie gut gebräunt sind. Marinade in einem Topf erhitzen und mit den Hähnchenschenkeln servieren.

MS Ines Bolten

Gebaut als:	MS Ines Bolten
Reederei:	AUG. BOLTEN
Typ:	Container Vessel
Bauwerft:	Detlef Hegemann Rolandwerft
Jahr:	2009
Kapazität:	11.000 dwt/974 TEU
Geschwindigkeit:	18,4 kn
Besatzungsstärke:	12

Hühnchen »Coq au Vin«

Koch: Cesar Boja (MS Ines Bolten)

Zutaten

2 kg	Hühnchen, ganz
100 g	Schalotten, fein gehackt
150 g	Champignons
100 g	Rotwein
1 l	Geflügelfond
1 EL	grüne Pfefferkörner
1 EL	Salz
50 g	Butter

Zubereitung:

Hühnchen portionsgerecht zerteilen. Marinade aus Rotwein, Schalotten, grünem Pfeffer, Geflügelfond und Salz mischen. Fleisch in einen Bräter geben und Marinade darüber füllen. Für 30 Minuten bei 90 °C im Ofen garen. Mit Knoblauch-Brot servieren.

MS OXL Samurai

Gebaut als:	MS OXL Sultan
Reederei:	Held Bereederung
Typ:	Cargo Ship
Bauwerft:	Zhonghua Bauwerft
Jahr:	1998
Kapazität:	8.874 dwt
Geschwindigkeit:	14,5 kn
Besatzungsstärke:	15

Hühnchen Marsala

Koch: Diaz Edmund (MS OXL Samurai)

Zutaten für 10 Personen

10	Hähnchenbrustfilets
50 g	Parmesan
500 g	Pilze aus der Dose
100 ml	Margarine
100 g	Butter (ungesalzen)
50 ml	Marsala-Wein
900 g	Fettucini-Nudeln
20 g	gehackte Petersilie zum Garnieren
100 g	Mehl
500 ml	Sahne

Zubereitung:

Nudeln in Salzwasser al dente kochen, dann beiseite stellen. Fleisch waschen, mit Küchenpapier trocken tupfen und in Mehl wälzen. Margarine in einer Pfanne erhitzen. Hähnchenbrustfilets von jeder Seite 1 Minute braten, dann vom Feuer nehmen. In einer anderen Pfanne Butter erhitzen. Pilze, Wein und angebratenes Fleisch dazugeben und für 3 Minuten köcheln lassen. Sahne und Parmesan dazugeben und gut verrühren. Nudeln auf einem tiefen Teller anrichten und das Hähnchenfilet obenauf setzen. Sauce darüber füllen. Mit Parmesan und gehackter Petersilie garnieren.

MS Maersk Denpasar

Gebaut als:	MS Miami
Reederei:	NSC
Typ:	Container Vessel
Bauwerft:	Hanjin Heavy Industries & Construction Co. Ltd.
Jahr:	2007
Kapazität:	68.463 dwt
Geschwindigkeit:	24,3 kn
Besatzungsstärke:	23

Hühnchen mit Lauch und Pilzen

Koch: Guevarra, Jesus Miguel Gulahab (MS Maersk Denpasar)

Zutaten

225 g	Austernpilze
¼ Tasse	Hühnerbrühe
2 EL	Butter
½ Tasse	Sahne
1½	Hähnchenschenkel
1 TL	Salz
2	kleine Porreestangen, klein geschnitten
1 TL	Pfeffer
½ Tasse	Weißwein
1 Msp.	Muskatnuss

Zubereitung:

Pilze von Stielen befreien und klein schneiden. Butter in einer großen Pfanne erhitzen und Hähnchenschenkel bei mittlerer Hitze auf der Hautseite goldbraun braten. Porree dazugeben und für 3 Minuten kochen lassen bis er gar ist. Wein und Hühnerbrühe einrühren und kurz köcheln lassen. Pfanne abdecken und auf kleiner Flamme 10 bis 15 Minuten leise kochen lassen. Hähnchenschenkel aus der Pfanne nehmen und warm stellen. Pilze in die Pfanne geben und bei mittlerer Hitze garen, bis die Sauce etwas andickt. Auf kleine Flamme stellen, Sahne einrühren und für eine Minute köcheln. Mit Salz, Pfeffer und Muskatnuss würzen. Sauce mit einem Löffel über das Fleisch geben und servieren.

MS Stadt Emden

Gebaut als:	MS Stadt Emden
Reederei:	Thien & Heyenga
Typ:	Container Vessel
Bauwerft:	Mützelfeldtwerft
Jahr:	2002
Kapazität:	12.920 dwt
Geschwindigkeit:	20,0 kn
Besatzungsstärke:	15

Honig-Hühnchen

(MS Stadt Emden)

Zutaten

10	Hähnchenschenkel
Für die Marinade:	
½ Tasse	Zitronensaft
2 EL	Salz
1 Tasse	Sojasauce
3 EL	Tabasco
½ Tasse	Zucker
Zum Bestreichen:	
1 Tasse	Honig
1 ½ EL	Sojasauce

Zubereitung:

Fleisch gründlich waschen, trocken tupfen und in eine flache Schüssel legen. Zutaten für die Marinade mischen, über das Fleisch geben und mindestens 2 Stunden marinieren lassen. Backofen auf 180 °C vorheizen. In einen Bräter 2 Tassen Wasser geben. Mariniertes Fleisch auf einem Gestell in dem Bräter platzieren, sodass es nicht im Wasser liegt. Mit Aluminiumfolie abdecken und für 40 Minuten schmoren. Honig und Sojasauce mischen. Aluminiumfolie vom Bräter entfernen und das Fleisch mit der Honig-Sauce bestreichen. Weitere 10 Minuten unbedeckt und bei hoher Temperatur schmoren lassen. Fleisch alle 5 Minuten bestreichen und rundum braun werden lassen. Hähnchenschenkel umdrehen und das Prozedere wiederholen. Heiß servieren.

MS Merkur Cloud

Gebaut als:	MS Calapalos
Reederei:	Reederei Vinnen
Typ:	Container Vessel
Bauwerft:	MTW GmbH
Jahr:	1996
Kapazität:	22.026 dwt
Geschwindigkeit:	18,4 kn
Besatzungsstärke:	20

Frittierte Hähnchenflügel (Chicken Wings) mit Austernsauce

Koch: Win Kyaw Oo (MS Merkur Cloud)

Zutaten

2½ kg	Hühnchenflügel
500 g	Zwiebeln
2 g	Knoblauch
2 g	Ingwer
250 g	Austernsauce
1 mg	Geflügelgewürz
2 g	Frühlingszwiebeln
2 g	schwarzer Pfeffer
1 l	Öl zum Fritieren
	Salz und Geflügelgewürz zum Abschmecken

Zubereitung:

Fleisch waschen und säubern, dann mit Salz und Geflügelgewürz würzen und 15 Minuten ruhen lassen. Zwiebeln in 3x3 cm große Würfel schneiden. Knoblauch pressen und Ingwer reiben. Das Geflügel im 180 °C heißen Öl goldbraun ausbacken und warm stellen. 500 ml Öl zum Fritieren in eine hohe Pfanne geben und heiß werden lassen. Knoblauch und Ingwer ins Öl geben und 3 Minuten fritieren. Dann das Geflügel, Austernsauce und Zwiebelwürfel dazugeben und alles gut mischen. Mit Salz und Geflügelgewürz abschmecken. Auf einer Servierplatte anrichten, schwarzen Pfeffer darüber mahlen und mit Frühlingszwiebel garnieren. Mit Reis servieren.

MS Scan Hansa

Gebaut als:	MS Scan Hansa
Reederei:	Scanscot
Typ:	Cargo Ship
Bauwerft:	Peene Werft
Jahr:	1999
Kapazität:	7.228 dwt
Geschwindigkeit:	15,4 kn
Besatzungsstärke:	17

Hähnchen-Wraps mit Knoblauchsauce

Koch: Allan C. Ignacio (MS Scan Hansa)

Zutaten für 15 Personen (2 Wraps pro Person)

3 kg	Hähnchenbrust
30	Tortillafladen
300 g	Tomaten, gewürfelt
2	mittelgroße Zwiebeln, gehackt
300 g	Gurken, gestiftelt
300 g	Mozzarella, gerieben
200 ml	Tomatensauce
30 Scheiben	Mortadella
1 EL	Knoblauch, gepresst
2 EL	Petersilie, gehackt
	Tabasco zum Abschmecken

Zubereitung:

Hühnchen in Salzwasser garen, dann abkühlen lassen. Hühnchenfleisch mit zwei Gabeln auseinander reißen. Öl in einer großen Pfanne erhitzen und Zwiebeln darin glasig werden lassen. Geflügel dazugeben und mit Salz, Pfeffer und Worcestersauce würzen. Beiseite stellen. Die Tortillafladen jeweils mit 1 Scheibe Mortadella belegen. 2 Esslöffel Hähnchen-Mischung darauf geben, 1 Esslöffel Tomaten, 1 Esslöffel Gurken, 1 Esslöffel Tomatensauce und nach Belieben mit Tabasco darüber träufeln. Dann kleine Streifen von grünem Salat und den geriebenen Käse dazu und den Tortilla vorsichtig einrollen. Den eingerollten Wrap in einer beschichteten Pfanne von beiden Seiten erhitzen, bis der Käse geschmolzen und der Wrap gut durchgewärmt ist. Warm servieren.

Selbstverständlich wird bei Tag und Nacht an Bord eines Schiffes gearbeitet. Und das 7 Tage die Woche und 365 Tage im Jahr.

Die Crews der Schiffe müssen immer qualifizierter ausgebildet werden, um den komplexen Aufgaben an Bord ihrer Schiffe gewachsen zu sein.

Dabei darf an Bord die Sicherheit natürlich nicht zu kurz kommen.

Denn auf See hält die Natur so manche Herausforderung für die Besatzungen der Schiffe bereit.

MS Iris Bolten

Gebaut als:	MS Iris Bolten
Reederei:	AUG. BOLTEN
Typ:	Container Vessel
Bauwerft:	Detlef Hegemann Rolandwerft
Jahr:	2008
Kapazität:	11.000 dwt/974 TEU
Geschwindigkeit:	18,4 kn
Besatzungsstärke:	14

Scharfes Hühnchen

Koch: Gumapac Miguel Jr. (MS Iris Bolten)

Zutaten für 10 Personen

2	ganze Hühnchen
30 g	Chili
30 g	Zwiebeln
20 g	Knoblauch
50 ml	Milch

Zubereitung:

Hühnchen in 1x1 cm große Würfel schneiden. Fleisch mit allen Zutaten in einer Pfanne 15 Minuten braten. Dann die Milch dazugeben und 1 Minute später servieren.

MS BBC Mexico

Gebaut als:	MS BBC Mexico
Reederei:	W. Bockstiegel GmbH & Co. Reederei KG
Typ:	Multi Purpose Ship
Bauwerft:	Marmara Bauwerft
Jahr:	2001
Kapazität:	5000 dwt/389 TEU
Geschwindigkeit:	15,0 kn
Besatzungsstärke:	13

Gegrilltes Zitronenhühnchen

Koch: Fariolan Norel E. (MS BBC Mexico)

Zutaten für 10 Personen

4 kg	Hühnerkeulen (à 300 g)
100 g	Zitronengras, gehackt
150 g	Zitronenschale, gerieben
50 g	Knoblauch, gehackt
40 g	Ingwer, gerieben
45 g	Pfefferkörner
50 g	Honig
80 g	Sojasauce
30 g	Öl
	Salz, Pfeffer, Paprikapulver zum Einreiben
	Zitronensaft

Zubereitung:

Hühnerkeulen unter fließend kaltem Wasser säubern und mit Küchenpapier trocken tupfen. Mit Salz, Pfeffer und Paprikapulver einreiben. Zitronengras, Zitronenschale, Knoblauch, Pfefferkörner und Ingwer zufügen. Alles gut mischen, abdecken und 30 Minuten ruhen lassen. Dann Honig, Zitronensaft, Sojasauce und Öl dazugeben und für mindestens 1 Std. marinieren lassen. Im vorgeheizten Ofen grillen. Hühnchen gelegentlich mit Marinade bestreichen, damit das Fleisch nicht verbrennt. Hühnerkeulen wenden und andere Seite grillen. Heiß servieren.

MS Robert

Gebaut als:	MS Robert
Reederei:	Reederei H.G. Vöge KG
Typ:	Container Vessel
Bauwerft:	J. J. Sietas KG Schiffswerft GmbH & Co.
Jahr:	2006
Kapazität:	11.000 dwt
Geschwindigkeit:	18,5kn
Besatzungsstärke:	14

Grillhühnchen mit Mango Chutney

Koch: Mendoza Donovan (MS Robert)

Zutaten

1 Glas	Mango Chutney
3 Knollen	Knoblauch
1	Zitrone
10	große Hühnerkeulen
1 TL	Zucker
1 TL	Paprikapulver
½ Tasse	Sojasauce
½ Tasse	Wasser
1 Msp.	Salz & Pfeffer

Zubereitung:

Alle Zutaten mischen und das Fleisch für 24 Std. im Kühlschrank marinieren lassen. Auf einem Holzkohlegrill von allen Seiten garen. Mit Bratkartoffeln und Gemüse servieren.

MS Grietje

Gebaut als:	MS Grietje
Reederei:	Schiffahrtskontor Altes Land
Typ:	Heavy Lift Vessel
Bauwerft:	J. J. Sietas KG Schiffswerft GmbH & Co.
Jahr:	2000
Kapazität:	8919 dwt
Geschwindigkeit:	20,0 kn
Besatzungsstärke:	19

Hähnchen »Cordon Bleu«

Koch: Ruel Lagare (MS Grietje)

Zutaten für 10 Personen

10	Hähnchenschnitzel (à 75 g)
10	Scheiben Käse (à 40 g)
10	Scheiben Kochschinken (à 50 g)
4	mittelgroße Eier
50 g	Semmelbrösel
6 EL	Butterschmalz oder Margarine
	Salz und frisch gemahlener Pfeffer zum Abschmecken

Zubereitung:

Das Fleisch unter fließendem Wasser waschen, mit Küchenpapier trocken tupfen und leicht weich klopfen. Mit Salz und Pfeffer würzen.

Auf jedes Schnitzel je 1 Scheibe Käse und Schinken legen, dann ein anderes Schnitzel obenauf legen und gut zusammen pressen. Eier mit einer Gabel schlagen und in tiefen Teller füllen. Hähnchenschnitzel von beiden Seiten in Eimasse wälzen, danach im Semmelmehl. Butter oder Margarine in beschichteter Pfanne erhitzen. Schnitzel in etwa 10 Minuten von beiden Seiten goldbraun braten.

Asian Carrier

Reederei:	Reederei Bockstiegel
Typ:	Container Vessel
Bauwerft:	Jin Ling, China
Jahr:	1999
Kapazität:	5.600 TDW
Geschwindigkeit:	15 kn
Besatzungsstärke:	16

Gebratene Hähnchenkeule nach russischer Art

Koch: Bruzon Ronald (Asian Carrier)

Zutaten für 10 Personen

10	Hähnchenkeulen
350 g	Mayonnaise
200 g	Tomatenketchup
200 g	süße Chilisauce
8	Knoblauchzehen, gepresst
3 EL	Olivenöl
	Salz und Pfeffer zum Abschmecken

Zubereitung:

Alle Zutaten (außer dem Fleisch) für eine Marinade mischen. Fleisch dazugeben, alles gut vermengen und an einem kühlen Ort für mindestens 8 Std. (vorzugsweise über Nacht) marinieren lassen. Ofen auf 170 °C vorheizen. Hähnchenkeulen in einen Bräter legen und etwas Wasser dazugeben. Für 20 Minuten backen. Fleisch umdrehen, mit Bratensaft begießen und für weitere 20 Minuten backen. Fleisch mit Hautseite nach oben drehen und erneut mit Bratensaft begießen. Wiederholen bis das Fleisch gar ist. Mit Kartoffelpüree servieren.

MS Elbtrader

Gebaut als:	MS Elbtrader
Reederei:	Elbdeich Reederei
Typ:	Cargo Ship
Bauwerft:	Detlef Hegemann Rolandwerft
Jahr:	2008
Kapazität:	11.100 dwt
Geschwindigkeit:	18,3 kn
Besatzungsstärke:	14

Scharfe Chicken Wings à la Bicolundia

Koch: Rodel Sajul (MS Elbtrader)

Zutaten für 10 Personen

2 kg	Chicken Wings
2 TL	Salz
1 TL	schwarzer Pfeffer (zerstoßen)
2 TL	Knoblauchpulver
3 EL	Sojasauce
6 EL	Chilisauce
2 EL	Tabasco
1	mittelgroße Zwiebel (geviertelt)
4	Lorbeerblätter

Curry-Reis

4	Knoblauchzehen, gehackt
1	mittelgroße Zwiebel, fein gehackt
1 Tasse	tiefgekühlte Karotten und Erbsen, aufgetaut und blanchiert
2 TL	Butter
6 Tassen	gekochter Reis
2 TL	Currypulver
	Salami, gewürfelt (optional)

Zubereitung:

Geflügel unter fließendem Wasser waschen und säubern. Aus restlichen Zutaten Marinade herstellen und Fleisch darin für 2 bis 3 Stunden ruhen lassen. Chicken Wings in einem Bräter für 1 Stunde im Ofen garen. Fleisch nach 30 Minuten wenden. Mit Curry-Reis und grünen Bohnen servieren.

Curry-Reis:

Zwiebeln und Knoblauch in Butter sautieren, bis die Zwiebeln glasig sind. Currypulver dazugeben und einige Minuten umrühren. Reis und restliche Zutaten hinzufügen. Gelegentlich umrühren. Mit Salz und Pfeffer würzen und 10 Minuten köcheln lassen.

MS Elbcarrier

Gebaut als:	MS Elbcarrier
Reederei:	Elbdeich Reederei
Typ:	Cargo Ship
Bauwerft:	Detlef Hegemann Rolandwerft
Jahr:	2007
Kapazität:	11.000 dwt
Geschwindigkeit:	18,5 kn
Besatzungsstärke:	12

Hühnchen à la Arit Igop

Koch: Capt. S. Meyer (MS Elbcarrier)

Zutaten für 12 Personen

7 Tassen	gekochtes Hühnchenfleisch, gewürfelt
1 ½ Tassen	gekochte Pilze, in Scheiben
1 Tasse	grüner und roter Pfeffer (gemahlen)
2 EL	Zwiebeln, gehackt
3 EL	zerlassene Butter
¾ Tassen	Mehl
3	Brühwürfel »Geflügel«
1 ½ TL	Gewürzsalz
¼ TL	Pfeffer
2	Eigelb

Zubereitung:

Butter in einer Kasserole erhitzen und Zwiebeln mit grünem Pfeffer 2-3 Minuten darin anbraten. Mehl dazu geben und gut verrühren. Nach und nach Brühe dazu gießen und Masse glatt rühren. Für 4 Minuten kochen lassen und gelegentlich umrühren, bis die Sauce andickt. Hühnchenfleisch, Pilze und Gewürze dazu geben. Eigelb dazufügen und gut verrühren. Für weitere 10 Minuten in der Mikrowelle kochen.

MS Warnow Dolphin

Gebaut als:	MS Warnow Dolphin
Typ:	Cargo Ship
Bauwerft:	Zhejiang Ouhua Shipbuilding Co.
Jahr:	2007
Kapazität:	18.700 dwt/1296 TEU
Geschwindigkeit:	19 kn
Besatzungsstärke:	18

Hühnchen Vesonimaimii

Koch: Dukue Rodericke (MS Warnow Dolphin)

Zutaten für 6 Personen

2 kg	Hühnchen, in mundgerechte Stücke geschnitten
½ Tasse	Öl
2 TL	Butter
50 g	gehackte Zwiebeln
½ Tasse	Weißwein
¾ Tasse	braune Sauce
1 TL	gehacktes Basilikum
125 g	Weintrauben, gehäutet, entkernt, geviertelt
1 TL	gehackte Petersilie
1 Tasse	Sahne

Zubereitung:

Hühnchen mit Salz und Pfeffer würzen und anschließend in Mehl wälzen. Überschüssiges Mehl abklopfen und Fleisch in Öl goldbraun braten, dann beiseite stellen. Butter in einer separaten Pfanne erhitzen und Zwiebeln darin glasig anbraten. Weißwein dazugeben und für 1 Minute köcheln lassen. Dann braune Sauce dazu gießen und nach Belieben abschmecken. Hühnchenfleisch in die Sauce geben und für weitere 30 Minuten darin köcheln. Zum Schluss Weintrauben, gehackte Petersilie und Sahne dazugeben, alles gut erhitzen und dann servieren.

Port Said

Reederei:	Reederei Laeisz
Typ:	Container Vessel
Bauwerft:	Daewoo Bauwerft, Korea
Jahr:	1996
Kapazität:	22.236 TDW
Geschwindigkeit:	19 kn
Besatzungsstärke:	20

Hähnchenrouladen

Koch: Alfredo Gonzales (Port Said)

Zutaten für 10-12 Personen

3	ganze gesäuberte Hähnchen (à 1400 g)
400 g	Edamer in Scheiben
1 Glas	Gewürzgurken
500 g	Räucherschinken in Scheiben
250 ml	scharfer Senf
1 Flasche	Tabasco-Sauce
250 g	Butter
	jodiertes Salz und gemahlener schwarzer Pfeffer zum Abschmecken
	Maisstärke

Zubereitung:

Fleisch von Knochen befreien. Senf, Tabasco-Sauce, Salz, Pfeffer gut mischen und Fleisch damit einreiben. Dann auf Aluminiumfolie legen, Butter dazu, 3 Scheiben Gewürzgurken, 1 Scheibe Schinken, 1 Scheibe Edamer auf das Fleisch legen. Das Ganze einrollen und an den Enden befestigen. Rouladen in einer eckigen Auflaufform bei 180 °C für etwa 45 Minuten im Ofen schmoren. Aluminiumfolie danach entfernen und Rouladen von allen Seiten goldbraun braten. Den Bratensaft mit Maisstärke andicken und als Sauce servieren.

MS Stella J

Gebaut als:	MS Stella J
Reederei:	Jüngerhans Maritime Services GmbH & Co. KG
Typ:	Container Vessel
Bauwerft:	Jinling Bauwerft Nanjing
Jahr:	2000
Kapazität:	5.500 dwt/520 TEU
Geschwindigkeit:	15 kn
Besatzungsstärke:	12

Soy Chicken

Koch: Silud Henry Malicay (MS Stella J)

Zutaten für 12 Personen

3	ganze Hühnchen (à 1 kg)
1 Tasse	Sojasauce
½ Tasse	brauner Zucker
1 TL	Pfefferkörner
2	Gewürznelken
3	Lorbeerblätter
1 l	Wasser
	Salz zum Abschmecken

Zubereitung:

Hühnchen unter fließendem kaltem Wasser waschen und säubern. Hühnchen mit Sojasauce und braunem Zucker in einen Topf legen. Alle Gewürze dazugeben, mit Wasser bedecken und Hühnchen gar kochen. Hühnchen aus dem Topf nehmen, Brühe weiter köcheln lassen, bis die Flüssigkeit auf die Hälfte einreduziert ist. Hühnchen in Portionen teilen und glasieren. Mit Stampfkartoffeln, Buttererbsen und Karotten servieren.

MS Aquila Companion

Gebaut als:	MS Julia Oldendorff
Reederei:	Aquila Ship Management GmbH und Co. KG
Typ:	Cargo Ship
Bauwerft:	Flensburger Schiffbau Gesellschaft
Jahr:	2000
Kapazität:	20.567 dwt
Geschwindigkeit:	17 kn
Besatzungsstärke:	17

Gegrilltes Hähnchen mit Aioli

(MS Aquila Companion)

Zutaten für 10 Personen

10	halbe Hähnchen, ohne Knochen
¼ Tasse	Sojasauce
3 EL	weißer Pfeffer
2 EL	gehackter Knoblauch
½ Tasse	Olivenöl
1 EL	Zitronensaft oder Essig

Zubereitung:

Alle Zutaten mischen und Fleisch darin 24 Stunden marinieren. Hähnchen in einer Pfanne goldbraun braten. Mit Butter, Mischgemüse, Butterreis und Aioli (Knoblauch-Mayonnaise) servieren.

MS Hoheriff

Gebaut als:	MS Hoheriff
Reederei:	Reederei Rass GmbH & Co. KG
Typ:	Container Vessel
Bauwerft:	Yangfan Shipgroup
Jahr:	2007
Kapazität:	11.500 dwt/957 TEU
Geschwindigkeit:	18,8 kn
Besatzungsstärke:	16

Gedrehte Hähnchenspieße

Koch: Michael Paez (MS Hoheriff)

Zutaten für 4 Personen

4	Hähnchenbrustfilets ohne Haut und Knochen
1	Knoblauchzehe, gepresst
2 EL	Tomatenmark
4 Scheiben	geräucherter Schinkenspeck
1	große Handvoll frische Basilikumblätter
	Öl zum Bestreichen
	Salz und Pfeffer zum Abschmecken

Zubereitung:

Hähnchenbrustfilets jeweils auf Frischhaltefolie ausbreiten und mit einem Stück Folie bedecken. Fleisch mit einem Nudelholz weich und flach klopfen.
Knoblauch und Tomatenmark mischen und auf dem Filet verteilen. Auf jede Hähnchenbrust 1 Scheibe Schinkenspeck legen, mit Basilikumblättern bestreuen und mit Salz und Pfeffer würzen. Fleisch einrollen und gut festhalten. Roulade dann in dicke Scheiben schneiden und diese jeweils auf Grillstäbe spießen. Darauf achten, dass die spiralförmige Form der Fleischscheiben bestehen bleibt. Scheiben leicht mit Öl bestreichen und auf einem Grill oder im Ofen auf Grillstufe in 10 Minuten von beiden Seiten rösten. Mit grünem Salat servieren.

MS Annette

Gebaut als:	MS Annette
Reederei:	Reederei Schepers Gbr.
Typ:	Cargo Ship
Bauwerft:	J. J. Sietas KG Schiffswerft GmbH & Co.
Jahr:	1991
Kapazität:	4.155 dwt
Geschwindigkeit:	15,3 kn
Besatzungsstärke:	11

Chili-Hühnchen

(MS Annette)

Zutaten

1 kg	Hühnchenfleisch
1 EL	Ingwer-Knoblauch-Paste
1 EL	Chilipulver
2 EL	Essig
2 EL	Sojasauce
3 EL	Öl
1 EL	Knoblauch, gehackt
1 EL	grüne Chilischoten, gehackt
½ Tasse	Frühlingszwiebeln, gehackt
1 EL	Maismehl
	Salz zum Abschmecken

Zubereitung:

Hühnchen säubern und in 8 Portionen teilen. Ingwer-Knoblauch-Paste, Chilipulver, Essig, Sojasauce und 1 Teelöffel Salz mischen und Fleisch darin abgedeckt für 4 Stunden bei Zimmertemperatur oder längere Zeit im Kühlschrank marinieren lassen.

Fleisch aus der Marinade nehmen und im Dampfgarer 20 bis 25 Minuten garen. Abkühlen lassen und in kleine Stücke zerreißen. Öl erhitzen und Knoblauch goldbraun anbraten. Chilischoten und Frühlingszwiebeln dazu geben und für 1 Minute braten. Hühnchenfleisch in die Pfanne geben, mit Salz abschmecken und weitere 2 Minuten braten.

MS Manarias

Gebaut als:	MS Marques de Comillas
Reederei:	Schiffahrtskontor Tom Wörden
Typ:	Cargo Ship
Bauwerft:	Astillero Barreras S.A.
Jahr:	1998
Kapazität:	13300 dwt/971 TEU
Geschwindigkeit:	17,2 kn
Besatzungsstärke:	14

Hühnersuppe mit Pilzen

(MS Manarias)

Zutaten

300 g	Hähnchenfilet
1 kg	frische Pilze
1 kg	frische Kartoffeln
2	Zwiebeln
200 g	saure Sahne
200 g	Käse, gerieben
5 l	Wasser

Zubereitung:

Filet in kleine Scheiben schneiden und in kochendem Wasser 15 Minuten garen. In Würfel geschnittene Kartoffeln hinzufügen und weitere 15 bis 20 Minuten kochen. Pilze mit fein gehackten Zwiebeln goldbraun braten. Saure Sahne dazu geben und 2 bis 3 Minuten köcheln lassen. Pilzsauce zum Hühnchen geben. Suppe zum Kochen bringen und geriebenen Käse langsam einrühren. Mit Salz und Pfeffer würzen. Topf vom Feuer nehmen und klein geschnittenen frischen Fenchel dazugeben.

Ein LKW der Kloska Logistik bei Anlieferung von Proviant an MS »Paradise N« im Hamburger Hafen. 2009 wurden weltweit ca. 9.000 Proviantlieferungen durchgeführt.
2010 werden knapp 12.000 Lieferungen erwartet.
Damit ist die Kloska Group einer der leistungsfähigsten maritimen Catering-Systemlieferanten weltweit.

Catering heute – Proviantlieferung mit System

Die Kloska Group ist heute Systemlieferant im Catering für mehr als 800 Schiffe weltweit.

Mit einem engen Netz eigener Häuser und festen, auditierten Partnern wird die weltweite Lieferung von qualitativ hochwertigem Proviant an Bord sichergestellt. Dabei werden keine Unterschiede zwischen Ro-Pax-Fähren mit bis zu 600 Passagieren und deren Besatzungen, Kreuzfahrtschiffen, Forschungsschiffen oder Handelsschiffen gemacht.

Durch eine im eigenen Hause entwickelte Catering-Software wird darauf geachtet, dass die Besatzungen und Passagiere ausgewogen und abwechslungsreich verpflegt werden. Dabei wird selbstverständlich auch die individuelle Zusammensetzung der Schiffsbesatzungen nach Anzahl und Nationalitäten berücksichtigt, da sich beispielsweise die asiatischen Essgewohnheiten von den europäischen unterscheiden.

Andererseits sorgt die Monitoring-Funktion der Software dafür, dass die vom Reeder vorgegebenen Budgets und Verpflegungssätze eingehalten werden. Audits an Bord der Schiffe sorgen für eine vertrauensvolle Zusammenarbeit zwischen Schiff und Catering-Abteilung.

Insbesondere die Funktion der Qualitätssicherung, wie beispielsweise das Feedback über die Lieferungen an Bord, die gleichzeitig die Lieferantenbewertung beinhaltet, wird immer wieder in den Vordergrund gestellt. Damit und durch die exakte Analyse der verbrauchten Lebensmittel (bis auf den Brühwürfel genau ...) werden Schiffe und Lieferpartner gleichermaßen sensibilisiert, ständig die Frische und die gute Qualität des Proviantes im Auge zu behalten.

Rindfleisch-gerichte

MS BBC Rosario

Gebaut als:	MS BBC Rosario
Typ:	Multipurpose heavy lifter with tweendeck
Bauwerft:	Taizhou Sanfu Ship Engineering
Jahr:	2006
Kapazität:	12.700 dwt
Geschwindigkeit:	14,5 kn
Besatzungsstärke:	16

Rindfleisch Burgunder Art

Koch: Ruther V. Serrano (MS BBC Rosario)

Zutaten

1½ kg	Rumpsteak
2 TL	getrockneter Oregano
1½ Tassen	Rotwein
1 EL	Öl
6 Scheiben	Schinkenspeck, gehackt
750 g	kleine Rindfleischknochen
1	Kräuterstrauß
400 g	passierte Tomaten (Dose)
¼ Tasse	Rinderfond
8	sauer eingelegte Zwiebeln
200 g	Champignons
50 g	getrocknete Tomaten, geviertelt
2 EL	Mehl
40 g	weiche Butter
400 g	Artischockenherzen, in Hälften (Dose)

Zubereitung:

Steakfleisch in 2 cm große Würfel schneiden und mit Oregano und Rotwein in eine große Schüssel geben. Fleisch zudecken und für 1 Stunde oder über Nacht marinieren lassen. Öl in einer Pfanne erhitzen, Schinkenspeck und Knochen hineingeben und für 2 bis 3 Minuten braten. Mariniertes Fleisch, Kräuterstrauß, passierte Tomaten und Rinderfond zufügen und langsam zum Kochen bringen. Dann Hitze reduzieren und für 1 Stunde köcheln lassen.
Zwiebeln, Pilze und getrocknete Tomaten dazugeben und für weitere 30 Minuten auf kleiner Flamme köcheln. Knochen und Kräuterstrauß entfernen. Mehl und Butter gut mischen und nach und nach unter ständigem Rühren zur köchelnden Masse geben. Zum Schluss Artischockenherzen zufügen und weitere 2 bis 3 Minuten köcheln lassen.

MS Ines Bolten

Gebaut als:	MS Ines Bolten
Reederei:	AUG. BOLTEN
Typ:	Container Vessel
Bauwerft:	Detlef Hegemann Rolandwerft
Jahr:	2009
Kapazität:	11.000 dwt/974 TEU
Geschwindigkeit:	18,4 kn
Besatzungsstärke:	12

Rindfleisch »Willington«

Koch: Cesar Boja (MS Ines Bolten)

Zutaten für 10 Personen

1,8 kg	Rinderfilet
1 kg	Geflügelhack
50 g	Pilze
50 g	Teig für Pasteten
10 g	Petersilie
½ TL	schwarzer Pfeffer
½ TL	Salz
25 g	Brandy

Zubereitung:

Rinderfilet halb gar grillen. Geflügelhack mit Pilzen mischen und die Masse in Pastetenteig einwickeln. Alles zusammen im Ofen bei 90 °C backen bis der Teig goldbraun ist. Mit Sauce Hollandaise servieren.

MS Adrian

Reederei:	Reederei Komrowski
Typ:	Container Vessel
Bauwerft:	Stocznia Szczecinska S.A.
Jahr:	1997
Kapazität:	22.984 TDW
Geschwindigkeit:	20 kn
Besatzungsstärke:	19

Rindfleisch in Zitronensauce

Koch: Aro Victo James (MS Adrian)

Zutaten für 10 Personen

4 kg	Rinderfilet
¼ Tasse	Zitronensaft
250 g	Butter
½ Tasse	Mehl
1 Tasse	Olivenöl
1 Tasse	Kikkoman Sojasauce

Zubereitung:

Rinderfilet in Steakscheiben schneiden und in Salz, Pfeffer, Olivenöl und Sojasauce marinieren. Dann in Olivenöl von beiden Seiten goldbraun braten und vom Feuer nehmen. Butter in einem Topf zerlassen, Mehl einrühren und mit Salz, Pfeffer und Zitronensaft würzen. Wenn die Sauce anfängt zu kochen, Fleisch dazugeben und auf kleiner Flamme in 30 Minuten garen.
Als Beilage kann Buchweizen gereicht werden, sowie Salz- oder Stampfkartoffeln.

MS Combi Dock I

Gebaut als:	MS Combi Dock I
Reederei:	Harren & Partner
Typ:	Dockship
Bauwerft:	Lloyd Werft Bremerhaven GmbH
Jahr:	2008
Kapazität:	11.000 dwt/1.347 TEU
Geschwindigkeit:	16 kn
Besatzungsstärke:	29

Rindersteak »Rossini«

Koch: Koretskyi O. (MS Combi Dock I)

Zutaten

2½ kg	Rinderfilet
½ kg	Schinkenspeck, in Scheiben
½ l	Sojasauce
10 g	Oregano

Zubereitung:

Fleisch portionieren, Oregano darüber streuen und weich klopfen. Filetstücke dann in Sojasauce wälzen und mit Schinkenspeck umwickeln. Mit Zahnstochern befestigen. Erst kurz vorm Servieren auf hoher Flamme grillen. Zahnstocher entfernen.

Auf einer Servierplatte mit Eisbergsalat und Tomatenscheiben anrichten. Mit Ofenkartoffeln und gedünstetem Gemüse, z.B. Brokkoli, Rosenkohl oder Spinat, servieren.

MS Stones

Gebaut als:	MS Stones
Reederei:	HJH
Typ:	Bulk Carrier
Bauwerft:	J. J. Sietas KG Schiffswerft GmbH & Co.
Jahr:	2001
Kapazität:	28.115 dwt
Geschwindigkeit:	13,5 kn
Besatzungsstärke:	18

Rinderrippchen »Bulgabi«

Koch: Jhongie O. Asis (MS Stones)

Zutaten für 10 Personen

30 Stck.	Rinderrippen
150 g	zerkleinerter frischer Ingwer
2 EL	frisch gehackter Knoblauch
300 g	Zucker
1 EL	Sesamöl
3	Lorbeerblätter
1 EL	schwarze Pfefferkörner
500 ml	frisches Wasser
1 EL	Sesamkörner

Zubereitung:

Die Rippchen in gewünschte Portionen schneiden und in einen Bräter legen.
Die Zutaten hinzugeben und kochen, bis das Fleisch zart ist.
In eine feuerfeste Form geben und mit Sesamkörnern bestreuen.
Im Ofen bei 180 °C etwa 10 bis 15 Minuten backen, bis die Sesamkörner goldbraun werden, dann servieren.

MT Aurelia

Gebaut als:	MT Aurelia
Reederei:	Carl Büttner
Typ:	Tanker
Bauwerft:	3 Maj Shipbuilding
Jahr:	2006
Kapazität:	24.017 dwt
Geschwindigkeit:	12,8 kn
Besatzungsstärke:	20

Beef Stroganoff

Koch: Marino Trampe (MT Aurelia)

Zutaten für 10 Personen

1 ½ kg	Rinderlende, von Fett befreit
6 EL	Butter oder Margarine
2	mittelgroße Zwiebeln, dünn geschnitten
1 ⅛ Tasse	Hühnerbrühe
2 EL	Paprika edelsüß
450 g	Pilze, gesäubert und geschnitten
2 EL	frischer Zitronensaft
2 EL	Weinbrand
1 TL	getrockneter Estragon, zerkleinert
1 TL	Salz
½ TL	gemahlener schwarzer Pfeffer
1 Tasse	saure Sahne
2 TL	frisch gehackter Dill oder glatte Petersilie

Zubereitung:

Die Lende in 2 cm x 4 cm große Streifen schneiden.

Butter bei Mittelhitze zerlassen, die Hälfte des Fleisches hinzufügen (nicht anhäufen) und braten, bis es braun ist. Mit einem Sieblöffel das Fleisch in eine Schüssel geben und das restliche Fleisch anbraten.

Die Hitze etwas reduzieren, die Zwiebeln dazugeben und braten, bis sie glasig sind. Eine halbe Tasse Brühe und Paprika mitkochen und rühren, bis die Zwiebeln sehr weich sind.

Pilze, Zitronensaft, Weinbrand, Estragon, Salz und Pfeffer dazugeben und etwa 8 Minuten unter ständigem Rühren kochen, bis die Pilze weich sind und die Flüssigkeit fast verdampft ist.

Das Rindfleisch, die restliche Brühe, saure Sahne und zwei Teelöffel Dill mit vermengen. 2 Minuten erhitzen, bis alles durchgewärmt ist, nicht kochen. Mit einem Teelöffel Dill bestreuen und servieren. Dazu Makkaroni, Salzkartoffeln oder Reis reichen.

MS MSC Natal

Gebaut als:	MS Merkur Star
Reederei:	Reederei Vinnen
Typ:	Container Vessel
Bauwerft:	Flensburger Schiffsbau Gesellschaft
Jahr:	1996
Kapazität:	39.528 dwt
Geschwindigkeit:	19,4 kn
Besatzungsstärke:	24

Rinderfilet provenzalische Art

Koch: Nyunt aung Kyaw (MS MSC Natal)

Zutaten

2 kg	Rindfleisch, gewürfelt
3	Zwiebeln, gewürfelt
3	Karotten, gewürfelt
1 Tasse	Rotwein
2 EL	Petersilie, gehackt
5	Knoblauchzehen, geschält
3	Lorbeerblätter
1 EL	Thymian
3 EL	Olivenöl
2	Tomaten, gewürfelt
6	Schalotten, glasiert
100 g	Pilze
100 g	schwarze Oliven

Zubereitung:

Marinade:
Rindfleisch, Zwiebeln, Karotten, Rotwein, frische Kräuter, Knoblauch, Lorbeerblätter, Thymian und Olivenöl in einer Schüssel vermischen. 24 Stunden ruhen lassen.

Kochen:
Das Fleisch und das Gemüse aus der Schüssel nehmen und sautieren. Danach alles mit Wasser in einen Topf geben und kochen, bis es gar ist.

Garnierung:
Tomaten, glasierte Schalotten, Pilze und schwarze Oliven

MS Stadt Hamburg

Gebaut als:	MS Stadt Hamburg
Reederei:	Thien & Heyenga
Typ:	Container Vessel
Bauwerft:	Mützelfeldtwerft
Jahr:	1998
Kapazität:	12.920 dwt
Geschwindigkeit:	20,0 kn
Besatzungsstärke:	19

Rindfleisch mit Austernsauce

(MS Stadt Hamburg)

Zutaten für 17 bis 18 Personen

3 kg	Rinderfilet, in Streifen geschnitten
¾ Tasse	Weißwein
4	Zwiebeln, in Ringe geschnitten
¾ Tasse	Stärkemehl
¾ Tasse	Austernsauce
6 EL	Zucker
2 Tassen	Sojasauce
3 TL	Ajinomoto
	grüne Erbsen zum Garnieren

Zubereitung:

Das Fleisch in Wein und Stärkemehl marinieren und zur Seite stellen.

Zucker, Ajinomoto und 1 Tasse Sojasauce vermischen, zur Seite stellen.

Das ganze Fleisch in einem Arbeitsgang 5 Minuten im heißen Öl braten und dabei ständig umrühren. Dann die Flüssigkeit und das Fett entfernen und das Fleisch zurück in die Pfanne geben. Geschnittene Zwiebeln, Sojasauce vermischen und langsam hinzufügen.

Zwei Minuten rühren und vom Herd nehmen.

Mit Austernsauce würzen mit grünen Erbsen garnieren.

Paradise N.

Reederei:	Reederei Laeisz
Typ:	Bulkcarrier
Bauwerft:	Daewoo Bauwerft, Korea
Jahr:	1997
Kapazität:	322.398 TDW
Geschwindigkeit:	13,9 kn
Besatzungsstärke:	19

Apfelgulasch

Koch: Igor Fedchenko (Paradise N.)

Zutaten

2 kg	mageres Rindfleisch, in Würfel geschnitten
4 EL	Öl
4	Lorbeerblätter
2	Knoblauchzehen
2 l	Fleischbrühe
	Salz, Pfeffer
5–7	Pimentkörner
5–7	Wacholderbeeren
500 g	Zwiebeln
500 g	Karotten
300 g	Knollensellerie
1 kg	Äpfel
3 EL	Honig

Zubereitung:

Das Fleisch in heißem Öl anbraten.
Lorbeerblätter, zerkleinerten Knoblauch, Salz, Pfeffer, Piment, Wacholderbeeren und Fleischbrühe beimengen und 1 Stunde kochen.
Zwiebeln vierteln, Karotten und Sellerie hinzugeben und weitere 30 Minuten kochen. Nach 20 Minuten die gewürfelten Äpfel mitkochen und mit Honig nach Geschmack süßen.
Beilage: gekochte Kartoffeln, grüne Bohnen

MS Epsilongas

Gebaut als:	MS Epsilongas
Reederei:	Sloman Neptun
Typ:	Tanker
Bauwerft:	Mützelfeldtwerft G.M.
Jahr:	2000
Kapazität:	6.175 dwt
Geschwindigkeit:	15,5 kn
Besatzungsstärke:	15

Rinder-Gemüse-Special

Koch: Virgilio C. Pontaoe (MS Epsilongas)

Zutaten für 10 bis 12 Personen

2 kg	Rinderlende, in kleine Stücke geschnitten
2 EL	Mehl
1	mittelgroße grüne Paprikaschote, in kleine Streifen geschnitten
1	mittelgroße Gurke, in 5 mm dünne Scheiben geschnitten
2 Stangen	Frühlingszwiebeln, klein geschnitten
2 EL	Cashewnüsse
2 EL	Öl oder Olivenöl
2 Tassen	Brühe
1 EL	Sojasauce
	Salz, Pfeffer und Vetsin (Geschmacksverstärker E621)

Zubereitung:

Öl in einer Pfanne erhitzen, Fleisch hineingeben und mit Mehl bestreuen.
Gemüse und Cashewnüsse dazugeben und 10 Minuten in Öl sautieren. Alles in einen Schmortopf schütten und zur Seite stellen.
Die Brühe 5 Minuten leicht kochen, dann zum Fleisch gießen. Gemüse, Cashewnüsse und Gewürze ebenfalls in den Schmortopf geben.
Zudecken und im Ofen bei 350 °C etwa 15 Minuten schmoren.Heiß servieren.

Anmerkung zur Benutzung von Vetsin Ajinomoto: Alternativ kann weißer Zucker verwendet werden.

MS Tampa Bay

Gebaut als:	MS Tampa Bay
Reederei:	NSC
Typ:	Container Vessel
Bauwerft:	Qingshan Bauwerft
Jahr:	2006
Kapazität:	13.690 dwt
Geschwindigkeit:	19,6 kn
Besatzungsstärke:	17

Rindfleisch mit Bittermelone und Tausibohnen in Austernsauce

Koch: Mark Encina (MS Tampa Bay)

Zutaten für 10 Personen

1 ¼ kg	Rinderfilet, in Streifen geschnitten
1 ½ kg	Bittermelone
3 EL	Öl
2	Zwiebeln, in Streifen geschnitten
4	Knoblauchzehen, zerkleinert
4 EL	Austernsauce
1 Dose	Tausibohnen, ohne Flüssigkeit
5	Tomaten, in Scheiben geschnitten
3 EL	Sojasauce

Zubereitung:

Die Rindfleischstreifen in Sojasauce marinieren. Das Öl bei Mittelhitze erwärmen und Knoblauch, Zwiebeln, Tomaten und das marinierte Fleisch 5 bis 10 Minuten anbraten.
Die Bittermelone mit einer Prise Salz waschen und trocknen. Danach zusammen mit Knoblauch, Zwiebeln und Tomaten anbraten.
Die Tausibohnen und Austernsauce nach Geschmack hinzufügen.
Sofort servieren.

MS Wilma

Gebaut als:	MS Wilma
Reederei:	Schiffahrtskontor Altes Land
Typ:	Heavy Lift Vessel
Bauwerft:	J. J. Sietas KG Schiffswerft GmbH & Co.
Jahr:	1997
Kapazität:	9.549 dwt
Geschwindigkeit:	20,0 kn
Besatzungsstärke:	20

Geschmorter Ochsenschwanz in TIM-Sauce

Koch: Don Gonzales (MS Wilma)

Zutaten für 6 bis 8 Personen

2 kg	Ochsenschwänze
2	große Zwiebeln
200 g	Porree
200 g	Sellerie
6	trockene Lorbeerblätter
2 TL	Ingwersauce
3 Tassen	Wasser
1 Würfel	Rinderbouillon
	etwas Rotwein
	etwas Stärkemehl
	Salz und Pfeffer

Für die TIM-Sauce:

1 EL	Tomatenmark
1 EL	brauner Zucker
2 TL	Erdnussbutter
40 g	Sojasauce
20 g	Worchestersauce
20 g	Olivenöl

Garnierung:

1	Karotte, geschnitten
50 g	Mais
30 g	Erbsen

Zubereitung:

Das Fleisch vom Fett befreien und in große Stücken schneiden.
Mit der Hälfte des Gemüses 3 Stunden kochen. Dann die Ochsenschwänze herausnehmen.
Öl in einer großen Pfanne erhitzen, das restliche Gemüse und die Ochsenschwänze hineingeben.
2 ½ Tassen Wasser, Salz und Pfeffer dazugeben. Kochen lassen und die Zutaten für die TIM-Sauce beifügen. Das Stärkemehl in einer halben Tasse Wasser auflösen und in die Sauce rühren, bis die gewünschte Konsistenz erreicht ist.
Zum Schluss die Garnierung darüber geben und bei schwacher Hitze kochen.
Mit Salzkartoffeln servieren.

MS Beluga Mobilisation

Gebaut als:	MS Beluga Mobilisation
Reederei:	Beluga Group
Typ:	Container Vessel
Bauwerft:	Santy Shipbuilding China
Jahr:	2009
Kapazität:	10.700 dwt/917 TEU
Geschwindigkeit:	18,0 kn
Besatzungsstärke:	14

Das beste Beefsteak

Koch: Garrote Michael (MS Beluga Mobilisation)

Zutaten

2–2 ½ kg	Rindfleisch (z.B. Roastbeef, Steak aus der Hochrippe, Rumpsteak, Filetsteak)
6 EL	Olivenöl
4 EL	Dijon-Senf
1 TL	Thymian, gehackt
2 TL	Rosmarin, gehackt
	frisch gemahlener schwarzer Pfeffer
5 EL	Maggigewürz
	Meersalz

Zubereitung:

Die Marinade anrichten: Olivenöl, Senf, Rosmarin, Thymian und schwarzer Pfeffer. Die Mischung auf die Steaks reiben und 2 Stunden zur Seite stellen.
Den Grill oder die Pfanne erhitzen und mit Öl bepinseln.
Die Maggigewürzmischung für einen besseren Geschmack auf die Steaks gießen. Fleisch von beiden Seiten braun braten und beim Wenden bei Bedarf mit Salz bestreuen. (Vor dem Servieren optional mit Knoblauchbutter übergießen.)

Anmerkung:
Frische Kräuter sind für den Geschmack und das Aroma der Steaks am besten. Senf macht das Fleisch zarter und verstärkt den Geschmack. Olivenöl bewahrt die Saftigkeit, das Aussehen und den Geschmack des Fleisches. Salz sollte erst zum Schluss zugefügt werden, um das Steak vor dem Austrocknen zu bewahren.

MS Corona J

Gebaut als:	MS Corona J
Reederei:	Jüngerhans
Typ:	Container Vessel
Bauwerft:	Jiangsu Yangzijiang Shipbuilding Co. Ltd.
Jahr:	2002
Kapazität:	17.150 dwt/1.180 TEU
Geschwindigkeit:	20,0 kn
Besatzungsstärke:	19

Hackfleischauflauf (Cottage Beef Pie)

Koch: Catalan Camillo (MS Corona J)

Zutaten

½ kg	Rinderhackfleisch
½ kg	Schweinehackfleisch
1	mittelgroße Karotte, zerkleinert
1	mittelgroße Paprikaschote, zerkleinert
½ kg	Stampfkartoffeln
1 Dose	grüne Erbsen
3	Eier
2	kleine Zwiebeln, zerkleinert
2	Knoblauchzehen, zerkleinert
3¼ TL	Salz
1 TL	gemahlener schwarzer Pfeffer
1 Prise	gemahlene Muskatnuss
1 Tasse	geriebener Mozzarella

Zubereitung:

Rinder- und Schweinehackfleisch goldbraun braten, mit Salz und Pfeffer nach Geschmack würzen.
Die zerkleinerte Karotte und Paprikaschote dazugeben, zum Kochen bringen und mit den frischen Eiern zusammenrühren.
Alles in eine feuerfeste Form füllen, mit Stampfkartoffeln und geriebenem Käse bedecken. Gute 10 Minuten backen.
Aus dem Ofen nehmen, mit Muskatnuss würzen und nochmals 5 Minuten backen.

Natürlich versorgen wir Schiffe in den entlegensten Ecken der Welt.

Forscher wollen bei ihrer Arbeit eben auch ordentlich verpflegt werden.

Ein Albatros. Die Begegnung mit einem der elegantesten und größten Vögel der Erde ist wohl für jeden Seemann ein ganz besonderer Moment.

Aber auch »die kleine Schwester«, die Möwe, ist durchaus fotogen.

MS Ice Runner

Gebaut als:	MS Ice Runner
Reederei:	W. Bockstiegel
Typ:	Container Vessel
Bauwerft:	STIG Jiangsu Machinery Imp. & Exp. Corp. Ltd.
Jahr:	2008
Kapazität:	8.200 dwt/698 TEU
Geschwindigkeit:	17,0 kn
Besatzungsstärke:	11

Rinderbraten aus dem tiefen Wok

Koch: Zimmerann (MS Ice Runner)

Zutaten für 10 bis 12 Personen

2 kg	Rindfleisch
2	große Zwiebeln, geviertelt
2	große Karotten, in 5 cm große Streifen geschnitten
1 TL	Pfefferkörner
1 TL	Salz (nach Geschmack)
	Petersilie und Majoran

Zubereitung:

Fleisch und Gemüse in einen tiefen Wok oder Bräter geben. Pfeffer und Salz darüber streuen und mit Aluminiumfolie bedecken.
Im vorgeheizten Ofen bei 180 °C etwa 3 Stunden schmoren, bis das Rindfleisch gar und zart ist.

Sauce:
Maismehl mit etwas Wasser zu einer glatten Masse verrühren. Wenn die Masse zu dick ist, mit etwas kaltem Wasser verdünnen und in den Wok geben. Die Kochflüssigkeit des Fleisches für die Sauce nutzen.
Vorbereitungszeit: 20 Minuten
Garzeit: 3 Stunden
Ofentemperatur: 180 °C

MS Kota Permas

Gebaut als:	MS Pontresina
Reederei:	Reederei F. Laeisz
Typ:	Container Vessel
Bauwerft:	Jurong Werft
Jahr:	2008
Kapazität:	33.000 dwt
Geschwindigkeit:	23,0 kn
Besatzungsstärke:	21

Hamburger mit »Sloppy Joe Sauce«

Koch: Orlando F. Panco (MS Kota Permas)

Zutaten für 10 Personen

1½ kg	Rinderhack
3	Zwiebeln, geschält und gehackt
3	grüne Paprikaschoten
6 EL	Paniermehl
3	Eier, geschlagen
3 TL	Worcestersauce
	Salz
	frischer schwarzer Pfeffer

Sloppy Joe Sauce

3 TL	Öl
3	Zwiebeln, geschält und gehackt
3	Knoblauch, gehackt
3	Karotten, geschält, fein geschnitten
3 Tassen	geschälte Dosentomaten
2 Tassen	Brühe oder Wasser
3	Lorbeerblätter
3 TL	Oregano
	Chilischoten

Zubereitung:

Das Fleisch mit den gehackten Zwiebeln in eine Schüssel geben. Paprikaschoten in sehr kleine Würfel schneiden. (Zwiebeln und Paprikaschoten können wahlweise mit der Maschine gehackt werden.) Nacheinander Paniermehl, geschlagene Eier, Worcestersauce und Gewürze zugeben. Die Masse in 10 Portionen teilen und mit einer Hamburger-Presse oder einer Ausstechform rund formen. Zum Kühlen auf einem Tablett in den Kühlschrank stellen, inzwischen die Sauce zubereiten.

Sauce:

Öl in einem Topf erhitzen und die Zwiebeln und die Chilischoten 4 Minuten bei schwacher Hitze sautieren. Knoblauch und geriebene Karotten dazugeben. Gut umrühren und die restlichen Zutaten ebenfalls zugeben. Gut würzen und mindestens 20 Minuten bei niedriger Hitze köcheln lassen. Die Burger von beiden Seiten mit Öl bestreichen und bei starker Hitze 4 Minuten von jeder Seite braten. Wenn das Fleisch gut durchgegart sein soll, weitere 3 Minuten braten.

MS Merwedijk

Gebaut als:	Merwedijk
Reederei:	Navigia
Typ:	Container Vessel
Bauwerft:	Detlef Hegemann Rolandwerft
Jahr:	2001
Kapazität:	8.700 t
Geschwindigkeit:	17,0 kn
Besatzungsstärke:	13

Holländische Fleischbällchen

Koch: Jmbernil (MS Merwedijk)

Zutaten für 14 Personen

1 kg	Rinderhackfleisch
1 kg	Schweinehackfleisch
6 Scheiben	hartes Brot
1 Tasse	Milch
2 EL	Salz
	Semmelbrösel
1 TL	gemahlene Muskatnuss
	gemahlener Pfeffer
1	Zwiebel, gehackt
½ Tasse	Margarine oder Fett
1 EL	Tomatenmark

Zubereitung:

Das Fleisch in einer großen Schüssel vermischen.
Die Kruste vom Brot entfernen und in Milch eintunken.
Die gehackte Zwiebel in etwas Fett braten, dann alles zusammen mit Salz, Pfeffer und Muskatnuss mischen. 14 Bällchen formen, in Mehl rollen und in Fett braten, bis sie braun sind.
Etwas Wasser hinzufügen und 15 Minuten köcheln lassen. Das Tomatenmark zur Sauce geben.
Mit Stampfkartoffeln und Spinat servieren, mit geschnittenen, hart gekochten Eiern garnieren.
Die Sauce für die Kartoffeln separat servieren.

MT Libelle

Gebaut als:	MT Libelle
Reederei:	Carl Büttner
Typ:	Tanker
Bauwerft:	Lindenau
Jahr:	1999
Kapazität:	13.050 dwt
Geschwindigkeit:	15,2 kn
Besatzungsstärke:	17

Geschmortes Rind mit Kokosmilch (asiatisch)

Koch: Dalmacio Calaiatan (MT Libelle)

Zutaten für 6 bis 7 Personen

1 kg	Rindfleisch, in Würfel geschnitten
2 EL	Butter oder Margarine
1 EL	gehackter Knoblauch
1	Zwiebel, gehackt
1/8 Tasse	Ingwer, in Streifen
4–5 Tassen	Kokosmilch
500 g	Kartoffeln, geviertelt
2	rote und grüne Paprikaschoten, gewürfelt
	Salz und Pfeffer nach Geschmack

Zubereitung:

Knoblauch, Zwiebeln und Ingwer sautieren.
Das Rindfleisch hinzufügen und köcheln, bis das Fleisch zart ist.
Mit Salz und Pfeffer würzen.
Erst Kartoffeln und Paprika, danach die Kokosmilch hinzufügen.
Kochen lassen, bis das Gemüse gar ist.
Mit gekochtem Reis servieren.

MS Daniela Bolten

Gebaut als:	MS Daniela Bolten
Reederei:	AUG. BOLTEN
Typ:	Single-deck log/bulk carrier
Bauwerft:	Shin Kurushima Dockyard
Jahr:	2008
Kapazität:	23.641 dwt
Geschwindigkeit:	13,0 kn
Besatzungsstärke:	20

Rinderlende mit Pfeffercreme

Koch: Padillo Gill Jr (MS Daniela Bolten)

Zutaten

1EL	Olivenöl
3 kg	Rinderlende
	Salz und Pfeffer
¼ Tasse	Weinbrand
1	Knoblauchzehe, zerdrückt
1 EL	gemahlener Pfeffer
½ TL	getrockneter Oregano
1EL	Salz
2/3 Tasse	Schlagsahne
1 ½ EL	saure Sahne
	frische Oreganozweige zum Garnieren

Zubereitung:

Olivenöl in einer großen Pfanne erhitzen. Die Lendensteaks mit Salz und Pfeffer bestreuen und von beiden Seiten scharf anbraten.

Das Fleisch aus der Pfanne nehmen und in einer Schmorpfanne auf einem Rost platzieren. Die Steaks 15 cm von der Hitze entfernt 5 bis 7 Minuten von jeder Seite grillen. Den Weinbrand hinzufügen, um die Bratreste in der Pfanne zu lösen, zum Kochen bringen und ablöschen. Dabei die Pfanne schwenken und feste Bestandteile vom Pfannenboden lösen. Knoblauch, Pfefferkörner, Oregano und Salz hinzufügen und eine Minute kochen. Die Schlagsahne ebenfalls hinzufügen, zum Kochen bringen und 6 bis 7 Minuten weiterkochen, oder bis die Sauce sich auf die Hälfte reduziert hat.

Vom Herd nehmen, saure Sahne einrühren und Sauce über die Steaks gießen. Mit Oreganozweigen garnieren, falls erwünscht.

MS MSC Natal

Gebaut als:	MS Merkur Star
Reederei:	Partenreederei F.A. Vinnen & Co.
Typ:	Container Vessel
Bauwerft:	Flensburger Schiffbau Gesellschaft
Jahr:	1996
Kapazität:	39.528 dwt
Geschwindigkeit:	19,4 kn
Besatzungsstärke:	24

Filetsteak mit goldener Pilzsauce

(MS MSC Natal)

Zutaten für 10 Personen

2 kg	Rinderfilet (200 g pro Person)
5 g	Rinderextrakt, getrocknet in Pulverform
3 g	schwarzer Pfeffer
3	Knoblauchzehen
5 g	Zwiebeln
¼ TL	Majoran
¼ TL	getrockneter Oregano
2	frische Tomaten, in kleine Stücke geschnitten
1 EL	Tomatenmark
5 g	Sojasauce
10 g	Butter
1 Dose	Pilze
5 g	Zucker
400 ml	Wasser

Zubereitung:

Das Filet schneiden und mit Rinderextrakt und schwarzem Pfeffer bestreuen. Das Fleisch nacheinander braun grillen und auf einen großen Teller geben.
Butter, Knoblauch, Zwiebeln, Tomaten, Tomatenmark, Sojasauce, Pilze, Rinderextrakt, Zucker, Wasser, Majoran, Oregano vermengen und anbraten. Danach über die Steaks geben und heiß servieren.

MT Libelle

Gebaut als:	MT Libelle
Reederei:	Carl Büttner
Typ:	Tanker Ship
Bauwerft:	Lindenau
Jahr:	1999
Kapazität:	13.050 dwt
Geschwindigkeit:	15,2 kn
Besatzungsstärke:	17

Rindfleisch im Teigmantel

Koch: Dalmacio Calaiatan (MT Libelle)

Zutaten für 4 bis 5 Personen

1	ganze Rinderlende
2 EL	Butter oder Olivenöl
1 Tasse	geschnittener Schinkenspeck
300 g	Spinat
1 Tasse	gehackte Zwiebeln
2 EL	Senf
2 EL	gemahlener schwarzer Pfeffer
1 EL	Steakgewürzmischung

Teig

2–3 Tassen	Mehl Typ 405
1 Tasse	Wasser
1	Ei
1/8 TL	Salz

Zubereitung:

Das Fleisch säubern und mit einem sauberen Tuch trocknen. Senf, schwarzen Pfeffer und Steakgewürz mischen. Diese Mischung zum Fleisch geben, vermengen und zur Seite stellen. Butter oder Olivenöl in einer Pfanne erhitzen. Das Fleisch anbraten und zur Seite stellen. Im restlichen Fett den Schinkenspeck und die Zwiebeln braten, ebenfalls zur Seite stellen. Auf dem vorbereiteten Teig den Spinat verteilen und mit sautiertem Schinkenspeck und Zwiebeln belegen. Das Fleisch darüber geben und einrollen. Die Teigrolle verschließen und in eine Ofenform legen. Backen, bis sich der Teig goldbraun färbt.
In Scheiben schneiden und heiß mit Salzkartoffeln oder Bratkartoffeln servieren.

Teig

Wasser, Eier, Salz und Mehl mischen. Wasser, Eier, Salz und Mehl mischen und zu einem glatten Teig verkneten. Den Teig mit dem Nudelholz auf 3 bis 4 mm Dicke ausrollen und zur Seite stellen.

MS Elbcarrier

Gebaut als:	MS Elbcarrier
Reederei:	Elbdeich Reederei
Typ:	Cargo Ship
Bauwerft:	Detlef Hegemann Rolandwerft
Jahr:	2007
Kapazität:	11.000 dwt
Geschwindigkeit:	18,5 kn
Besatzungsstärke:	12

Rind Bor at Sador

Koch: Capt. S. Meyer (MS Elbcarrier)

Zutaten für 12 Personen

1 ½ kg	Rinderlende
3 EL	Mehl
1 ½ TL	Salz
¼ TL	Pfeffer
3	Knoblauchzehen
½ Tasse	Öl
¼ Tasse	zerkleinerte Zwiebeln
½ Tasse	Wasser
1 Dose	Hühnercremesuppe
1 Tasse	geschnitten Pilze
1 Tasse	saure Sahne

Zubereitung

Das Fleisch vom Fett befreien. Mehl, Salz und Pfeffer mischen. Beide Seiten des Fleisches mit Knoblauch einreiben und mit Mehl bestäuben. Das Rindfleisch in 4 cm dicke Scheiben schneiden. Öl in einer Pfanne erhitzen und das Fleisch von allen Seiten anbraten. Zwiebeln dazugeben und 3 Minuten mitbraten. Wasser, Suppe und Pilze dazugeben und weitere 6 bis 7 Minuten kochen, bis das Fleisch zart ist. Die saure Sahne einrühren und 1 Minute vor dem Servieren erhitzen.

MS Pembroke

Gebaut als:	MS ECL Europa
Reederei:	Reederei F. Laeisz
Typ:	Container Vessel
Bauwerft:	Thyssen Nordseewerke
Jahr:	1997
Kapazität:	34.600 dwt/2.458 TEU
Geschwindigkeit:	21,0 kn
Besatzungsstärke:	20

Kalbszungenragout

Koch: Dennis H. Elomina (MS Pembroke)

Zutaten für 10 bis 12 Personen

3 kg	Kalbszunge, gesäubert
5	große Zwiebeln, geviertelt
1 Tasse	grüne Oliven (optional)
3 EL	Piment
200 g	Tomatenmark
2 TL	gemahlener Pfeffer
1 EL	Salz
1 Tasse	Rum oder Wein
3 EL	Chilisauce
3 EL	Worchestersauce
4	grüne und rote Paprika (in Streifen)
170 g	Ananassaft
1 Tasse	Semmelbrösel
1	Chorizo de Bilbao (würzige Wurst – fein gehackt)

Zubereitung:

Das Fleisch in eine tiefe Pfanne legen, und soviel Wasser dazugießen, bis das Fleisch bedeckt ist. Bei niedriger Hitze kochen, bis es halb gar ist.
Zwiebeln in Butter sautieren. Wenn sie glasig werden, alle anderen Zutaten, mit Ausnahme der Semmelbrösel, einrühren und 3 Minuten kochen.
Die Zunge dazugeben und weiterkochen, bis das Fleisch zart ist. Falls die Sauce zu dickflüssig wird, Wasser dazu gießen. Wenn das Fleisch gar ist, Sauce mit Stärkemehl andicken.

MS Thor Boreas

Gebaut als:	BBC Tunisia
Reederei:	Candler Schiffahrt GmbH
Typ:	Cargo Ship
Bauwerft:	Dongfeng Ship Industry
Jahr:	2008
Kapazität:	8200 dwt
Geschwindigkeit:	11,5 kn
Besatzungsstärke:	13

Beef Caldereta

Koch: Dennis H. Elomina (MS Thor Boreas)

Zutaten für 10 bis 12 Personen

3 kg	Filet aus Oberschale, in Würfel geschnitten
3 Würfel	Rinderbrühe
½ Tasse	Maisöl
2 EL	Knoblauch, zerkleinert
1 EL	Ingwer, klein gehackt
1 Tasse	Zwiebeln, klein gehackt
1 Tasse	Tomatenmark
8 Tassen	Wasser
5	Kartoffeln, geviertelt
5	grüne, längliche Chilischoten
200 g	Leberpastete oder Leberwurst
1 Tasse	Käse, gerieben
4	rote und grüne Paprikaschoten, geviertelt

Zubereitung:

Einen Brühwürfel in heißem Wasser auflösen und das Rindfleisch darin marinieren. Das Rindfleisch braten, bis es goldbraun ist und zur Seite stellen.
Knoblauch, Ingwer, Zwiebeln und Tomatenmark sautieren, das Wasser dazugießen und restliche Brühwürfel darin auflösen. Das Fleisch dazugeben und kochen, bis es zart ist. Die Kartoffeln hinzufügen und kochen, bis sie gar sind.
Den Rest der Zutaten in den Topf geben und weitere 10 Minuten köcheln.
Mit Salz und Pfeffer würzen.

MS Stadt Köln

Gebaut als:	MS Stadt Köln
Reederei:	Thien & Heyenga
Typ:	Container Vessel
Bauwerft:	Hanjin Heavy Industries & Construction Co. Ltd.
Jahr:	2007
Kapazität:	44.227 dwt
Geschwindigkeit:	22,4 kn
Besatzungsstärke:	18

Pfeffer Steak

Koch: Wilbert Yound Villano (MS Stadt Köln)

Zutaten für 10 Personen

10 EL	schwarze Pfefferkörner
10	Filetsteaks, etwa 180 g pro Portion
75 g	Butter
10 TL	Öl
10 EL	Weinbrand
750 ml	Schlagsahne
5	Knoblauchzehen, fein gehackt
	Salz nach Belieben

Zubereitung:

Die Pfefferkörner in eine robuste Plastiktüte schütten. Die Körner mit einem Nudelholz oder einem anderen Gegenstand zerdrücken, bis sie mittelgrob zerkleinert sind. Den Topf hin- und her bewegen, um die Körner zu zerdrücken.
Die Steaks von überschüssigem Fett befreien und in den zerdrückten Pfefferkörnern wälzen, bis sie vollständig umhüllt sind. Die Butter mit dem Öl in einer großen Pfanne bei mittlerer Hitze erwärmen. Fleisch dazugeben und etwa 6 bis 7 Minuten braten. (Kurz gebratenes Fleisch lässt sich leicht eindrücken, halb durchgebratenes Fleisch ist fest.)
Die Steaks auf eine vorgewärmte Servierplatte legen und abdecken, um sie warm zu halten. Weinbrand in die Pfanne gießen und damit ablöschen. Kochen, bis die Hälfte der Flüssigkeit verdampft ist, dabei Bratreste vom Pfannenboden lösen. Sahne und Knoblauch dazugeben. Bei Mittelhitze etwa 4 Minuten leicht kochen, bis ⅓ der Flüssigkeit verdampft ist. Sauce mit Salz abschmecken, über die Steaks gießen und servieren.

LNG/C Jotagas

Gebaut als:	LNG/C Tarquin Moor
Reederei:	Sloman Neptun
Typ:	Tanker
Bauwerft:	Hyundai Heavy
Jahr:	1997
Kapazität:	7.241 dwt
Geschwindigkeit:	11,9 kn
Besatzungsstärke:	16

Gefüllte Kohltaschen

Koch: Nilo M. Poliquit (LNG/C Jotagas)

Zutaten für 10 Personen

1	ganzer, großer Weißkohl
1 kg	Rinderhackfleisch
1 Tasse	Langkornreis
2	Eier
3 EL	Rosinen
1 EL	Salz
1 TL	schwarzer Pfeffer
4 EL	Maggiwürze
1	große Zwiebel, gehackt
4	Knoblauchzehen, gehackt

Sauce

4 EL	Olivenöl
2 EL	Knoblauch, gehackt
3	große Zwiebel, gewürfelt
3 Würfel	Rinderbrühe
½ l	Rinderfond
½ l	Tomatensaft
2 EL	Salz
1 TL	schwarzer Pfeffer
2 EL	Petersilie, gehackt

Zubereitung:

Wasser in einem großen Topf zum Kochen bringen. Den Kohl blanchieren bis die Blätter glasig werden, um ein Einreißen zu verhindern. Die Blätter einzeln entnehmen und den harten Mittelteil entfernen.
Restliche Zutaten in einer Schüssel mit der Hand vermengen und abschmecken. Ein Kohlblatt mit der Hackmasse in Tubenform füllen. Dabei darauf achten, dass die Masse am Ende des Blattes liegt, damit es sich leicht einrollen lässt. Diesen Vorgang wiederholen, bis alle Blätter verwendet wurden.

Sauce

In einem großen Bräter für die Hackrollen Knoblauch und Zwiebeln sautieren bis sie glasig oder braun sind. Die verbleibenden Zutaten für die Sauce dazugeben und abschmecken. Die Hackrollen in den Bräter zur Sauce legen. Auf dem Herd oder im Ofen bei mäßiger Hitze etwa 1 Stunde schmoren, bzw. bis die Rollen gar sind. Mit gehackter Petersilie bestreuen, mit Sauce beträufeln und servieren. Dazu Pommes frites reichen.

MS Victory

Gebaut als:	MS Leopold Oldendorff
Reederei:	Aquila Ship Management
Typ:	Bulk Carrier
Bauwerft:	Xingang
Jahr:	2002
Kapazität:	34.656 dwt
Geschwindigkeit:	13,8 kn
Besatzungsstärke:	19

Schmorbraten à la Victory

Koch: Eduardo Campos (MS Victory)

Zutaten für 18 Personen

2½ kg	mageres Schweine- oder Rindfleisch
50 g	Mehl
100 g	Butter
2	Lorbeerblätter
2 EL	Paprikagewürz
1 EL	Pfefferkörner
2 EL	gemahlener schwarzer und weißer Pfeffer
1	Knoblauchzehe
3 EL	Kochsalz
1	große Zwiebel, in feine Streifen geschnitten
2	große Tomaten, geschnitten
2	große Karotten, gesäubert und in Scheiben geschnitten
1	Stange Sellerie, in Scheiben geschnitten
2 Tassen	Rotwein
3 EL	Tomatenmark
	einige Petersilienblätter

Zubereitung:

Dies ist eine Variation vom Rinderschmorbraten, aber man kann stattdessen auch Schweinefleisch nehmen. Schweinefleisch benötigt eine geringere Garzeit und ist zarter.

Fleisch mit Salz und Pfeffer bestreuen und in Mehl wälzen. In einem großen Bräter die Butter zerlassen und das Fleisch von allen Seiten anbraten. Aus dem Bräter nehmen und zur Seite stellen.

Knoblauch, Zwiebeln, Karotten, Petersilie, Sellerie und Tomaten in der Pfanne zwei Minuten sautieren. Tomatenmark und Wein hinzufügen und 5 Minuten köcheln lassen. Das Fleisch dazugeben und mit der Gabel Löcher hinein stechen.

1½ Stunden schmoren lassen, bis das Fleisch zart ist. Das Fett abschöpfen und die Sauce anrühren.

Das Fleisch zum Servieren in dünne Scheiben schneiden und die Sauce darüber gießen. Mit Petersilienblättern garnieren und mit gebackenem Buchweizen, Pasta oder Backkartoffeln servieren.

MS BBC Peru

Gebaut als:	MS BBC Peru
Reederei:	W. Bockstiegel
Typ:	Multi Purpose Ship
Bauwerft:	Stocznia S.A.
Jahr:	2001
Kapazität:	7.800 dwt/377 TEU
Geschwindigkeit:	14,0 kn
Besatzungsstärke:	11

Gefüllte Paprikaschoten

Koch: Bermudes Egardo (MS BBC Peru)

Zutaten für 10 Personen

10	grüne Paprikaschoten
1 kg	Rinderhackfleisch
2 Tassen	gekochter Reis
1 Tasse	gehackte Zwiebeln
2 TL	Salz
¼ TL	Pfeffer
2 Dosen	passierte Tomaten

Zubereitung:

Die Paprikaschoten der Länge nach in Hälften schneiden, Kerne entfernen und waschen. Rindfleisch, Reis, Zwiebeln, Salz, Pfeffer und eine halbe Dose passierte Tomaten verrühren. Die Masse in die Paprikahälften füllen und in einen großen Bräter legen. Die restliche Sauce darüber geben. Zudecken und im Ofen bei 180 °C 1½ Stunden garen.

MS Merkur Cloud

Gebaut als:	MS Calapalos
Reederei:	Reederei Vinnen
Typ:	Container Vessel
Bauwerft:	MTW GmbH
Jahr:	1996
Kapazität:	22.026 dwt
Geschwindigkeit:	18,4 kn
Besatzungsstärke:	20

Mexikanischer Hackbraten

Koch: Win Kyaw Oo (MS Merkur Cloud)

Zutaten für 10 Personen

1 kg	Rinderhackfleisch
4 EL	Taco Gewürzmischung
2 Tassen	Paniermehl
250 g	würziger Käse (z.B. Cheddar), gerieben
6 Tassen	Tacosauce
60 g	Tortilla Chips
3	Eier

Zubereitung:

Das Hackfleisch, die Gewürzmischung, Eier und Paniermehl in einer Schüssel verrühren.

Die Hälfte der Masse in eine leicht eingefettete Bratenform pressen (11 x 21 cm). Die Hälfte des geriebenen Käses darüber streuen und mit dem restlichen Fleisch bedecken. 40 Minuten backen, die Flüssigkeit abschöpfen, abdecken und 10 Minuten zur Seite stellen.

Den Hackbraten in eine feuerfeste Form stürzen und mit Tacosauce bestreichen. Die Chips und den restlichen Käse darauf verteilen. Bei 200 °C 10 Minuten backen, bis der Käse geschmolzen ist. Mit Kartoffelpuffern servieren.

Äquatortaufe

Die Äquatortaufe (auch Linien- oder Neptuntaufe) ist ein weltweit übliches Ritual von Seeleuten, wenn ein Besatzungsmitglied oder ein Passagier zum ersten Mal den Äquator überquert.

Der Brauch hat seinen Ursprung in der Zeit der Entdekkungsreisen der Portugiesen, die beim Überschreiten des gefürchteten Äquators ihren Mut und ihre Gläubigkeit durch die Taufe bekräftigen wollten. Bevor die Portugiesen die Weltmeere befuhren, herrschte die Meinung vor, die Äquatorregion sei zu heiß, um sie zu bewohnen oder zu durchqueren. Man glaubte damals, dass eine Expedition in die südliche Hemisphäre unweigerlich tödlich verlaufen müsse.

Bei der Äquatortaufe wird der Täufling von einem verkleideten Neptun gereinigt, erhält einen see- oder wetterbezogenen Scherznamen und eine Taufurkunde.

In einer Urkunde aus dem Jahre 1908 heißt es wie folgt: »Wir, Neptun, von Jupiters Gnaden Beherrscher aller stehenden und fließenden Gewässer, als da sind Meere, Flüsse, Quellen (Bierquellen ausgeschlossen), tun hiermit kund und fügen zu wissen, dass Herr N.N. heute den Äquator passiert und in aller Form rechtens getauft worden ist. Er erhielt den Namen Tintenfisch. Wir beordern hiermit alle unsere Behörden, wie Tritonen, Nixen, Seejungfern, vom Haifisch bis zur Auster, dem p.p. gegebenenfalls den Aufenthalt in unseren Fluten so angenehm wie möglich zu gestalten.

Gegeben in unserem Korallenschloß am Äquator mit unserer eigenhändigen Unterschrift und beigedrucktem allerhöchstem Insiegel Neptun.«

Lammfleisch-gerichte

MS Panthera

Gebaut als:	MS Panthera
Reederei:	Harren & Partner
Typ:	Heavy Lift Vessel
Bauwerft:	Peene-Werft GmbH
Jahr:	2001
Kapazität:	7.072 dwt/487 TEU
Geschwindigkeit:	16,0 kn
Besatzungsstärke:	17

Lammkeule nach bessarabischer Art

Koch: S. Kopylov (MS Panthera)

Zutaten für 10 Personen

3 kg	Lammkeule, das Fleisch in 16 Portionen zerteilt
1 kg	Kartoffeln, in Würfel geschnitten
500 g	Karotten, in große Stücke geschnitten
3	Knoblauchzehen
5 EL	Sojasauce
3 EL	süße Chilisauce
1 EL	Senf
3	Lorbeerblätter
3 TL	gemahlener Pfeffer

Zubereitung:

Das Fleisch mit Salz und Pfeffer würzen, anbraten und in den Ofen stellen, bis es goldbraun ist.

Zwiebeln schneiden, Kartoffeln, Karotten in großen Stücken zusammen mit Knoblauch, Lorbeerblättern, Pfeffer und Gewürzen (Sojasauce, Chilisauce und Senf) auf dem Fleisch verteilen. Etwas Wasser hinzufügen, mit Aluminiumfolie abdecken und 45 bis 50 Minuten bei 170 °C bis 180 °C im Ofen garen. 10 Minuten vor Ende der Garzeit können Rotwein und grob gewürfelte, rote Paprikaschoten hinzu gegeben werden.

Vor dem Servieren frische Petersilie, Dill und geschnittene Frühlingszwiebeln darüber verteilen. Mit Reis, Salzkartoffeln oder gekochtem Buchweizen servieren.

MS CMA CGM Ylang

Gebaut als:	MS Merkur Sky
Reederei:	Reederei Vinnen
Typ:	Container Vessel
Bauwerft:	Flensburger Schiffbau Gesellschaft
Jahr:	1997
Kapazität:	39.951 dwt
Geschwindigkeit:	14,7 kn
Besatzungsstärke:	22

Lammtaschen

Koch: Than Tint Aung (MS CMA CGM Ylang)

Zutaten für 6 Personen

500 g	Lammfilet	100 g	Fetakäse	1 TL	frische Basilikumblätter
3 EL	Olivenöl	½ TL	Rosmarin	2 EL	Rotwein
2	Zwiebeln		Salz und Peffer	1 TL	Zucker
2	Auberginen	*Sauce:*			Salz und Pfeffer
1 Pckg.	Teigplatten für Frühlingsrollen	2	reife Tomaten		
¼ Tasse	natives Olivenöl	1	Knoblauchzehe		
		1 TL	Oregano, getrocknet		

Zubereitung:

Ofen auf 180 °C vorheizen. 1 EL Öl in der Pfanne erhitzen, Zwiebeln hinzufügen, 4 Minuten dünsten, aus der Pfanne nehmen und zur Seite stellen. Auberginen in dünne Scheiben schneiden und in Olivenöl (1 EL) von jeder Seite goldbraun braten, aus der Pfanne nehmen, Fett abtupfen. Restliches Öl erhitzen und das Fleisch bei starker Hitze 1 Minute braten, bis es braun ist. Fleisch vom Feuer nehmen, abkühlen lassen und danach diagonal in 1 cm dicke Scheiben schneiden. Eine Teigplatte auf die Arbeitsfläche legen, leicht mit Olivenöl bestreichen, mit einer weiteren Teigplatte bedecken, mit Öl bestreichen und noch eine Platte obenauf legen. Das Lamm auf einer Fläche von 10 x 10 cm auf jeweils 1 Platte verteilen. 1 EL Zwiebeln, Auberginen, zerbröckelten Fetakäse und Rosmarin darüber verteilen. Dabei auf jeder Seite einen Rand lassen. Das kurze Ende der Platte über die Füllung falten, die zwei langen Seiten nach innen falten und zu einer Tasche aufrollen. Mit Öl einstreichen. 25 Minuten bei 180 °C backen, bis sie goldbraun sind. Mit Tomatensauce servieren.

Tomatenkräutersauce:

Alle Zutaten in eine kleine Pfanne geben und bei Mittelhitze zum Kochen bringen, 20 Minuten köcheln lassen, bis die meiste Flüssigkeit verdampft ist. Dabei gelegentlich umrühren. Warm servieren.

MS Kota Permas

Gebaut als:	MS Pontresina
Reederei:	Reederei F. Laeisz
Typ:	Container Vessel
Bauwerft:	Jurong Bauwerft
Jahr:	2008
Kapazität:	33.000 dwt
Geschwindigkeit:	23,0 kn
Besatzungsstärke:	21

Gegrillte Lammkoteletts

Koch: Orlando F. Pangco (MS Pontresina)

Zutaten für 10 Personen

40	Lammkoteletts
3	kleine Zwiebeln
3	große Knoblauchzehen
4	frische Salbeizweige
4	kleine Selleriestangen
4 TL	Senf

Olivenöl
Salz und Pfeffer
Saft von 3 großen Zitronen
Worcestersauce
Oregano

Zubereitung:

Koteletts von Fett und Sehnen befreien. Das Fleisch in einer Bratform auslegen, die groß genug ist, um das Fleisch in einer Schicht zu braten.
Zwiebeln und Sellerie in feine Ringe schneiden, Knoblauch hacken. Zwiebeln, den gehackten Knoblauch, 8 Salbeiblätter und den sehr fein geschnittenen Sellerie über die Koteletts streuen und mit gemahlenem Pfeffer würzen. 8 Esslöffel Olivenöl, gemischt mit einem Esslöffel Zitronensaft und eine Prise Salz darüber geben. Das Gericht mit Frischhaltefolie abdecken und etwa 30 Minuten an einen kühlen Ort stellen (nicht in den Kühlschrank).
Inzwischen eine große Prise Pfeffer und eine Prise Salz in ein tiefes Gefäß geben. Den gepressten Saft einer halben Zitrone, 8 Esslöffel Öl, einen kleinen Spritzer Worcestersauce, Senf und eine kleine Prise Oregano mixen, bis eine glatte Masse entsteht. Den Grill erhitzen. Die Koteletts abtropfen lassen und nach Belieben grillen. Auf einer warmen Platte anrichten, die Sauce darüber geben und servieren.

MS Baltic Carrier

Gebaut als:	MS Baltic Carrier
Reederei:	Reedereien Corleis und Viamare
Typ:	Cargo Ship
Bauwerft:	Cassens
Jahr:	1997
Kapazität:	3.130 dwt
Geschwindigkeit:	10,9 kn
Besatzungsstärke:	7

Azu auf Tatarenart (Hammelbraten)

(MS Baltic Carrier)

Zutaten

1½ kg	Hammelkeule
125 g	Fett vom Schwein oder Rind
4	große Zwiebeln
150 g	Tomatenmark
50 g	Weizenmehl
250 g	Salzgurken
3	Knoblauchzehen
3 EL	gehackte Petersilie
	Salz und Pfeffer nach Geschmack

Zubereitung:

Das Fleisch waschen und trocknen. In etwa 4 cm lange und 1 cm dicke Scheiben schneiden. Mit Salz und Pfeffer nach Geschmack würzen.
Das Fett auslassen und das Fleisch darin braten, bis es braun ist. Braune Brühe oder Wasser hinzugeben und schmoren, bis das Fleisch gar ist. Die Brühe abgießen, mit Weizenmehl anrühren und zum Fleisch zurück gießen. Die klein geschnittenen Salzgurken und den zerdrückten Knoblauch mit Salz hinzugeben und weitere 10 Minuten köcheln lassen.
Vor dem Servieren mit gehackter Petersilie bestreuen. Mit Bratkartoffeln oder Salzkartoffeln servieren.

Tipp: Statt Tomatenmark können auch frische oder geschälte Tomaten aus der Dose verwendet werden.

MS BBC Maine

Gebaut als:	MS BBC Maine
Reederei:	W. Bockstiegel
Typ:	Multi Purpose Ship
Bauwerft:	Taizhou Sanfu Bauwerft
Jahr:	2007
Kapazität:	12.780 dwt/665 TEU
Geschwindigkeit:	15,0 kn
Besatzungsstärke:	14

Reis Biryani oder Risotto

Koch: Ricky R. Sobrevilla (MS BBC Maine)

Zutaten

2 kg	Lamm-, Hühner- oder Schweinefleisch
2	Zwiebeln
3	Knoblauchzehen
1	Ingwer, fein gehackt
3 EL	Tomatenmark
1 TL	Currypulver
1 Prise	Oregano
4	Lorbeerblätter
2	Brühwürfel (Rinder- oder Hühnerbrühe)
1 kg	weißer Reis oder Basmatireis
1 l	Wasser

Zubereitung:

Zwiebeln und Knoblauch sehr fein hacken. Knoblauch, Zwiebeln und Ingwer braten, bis alles leicht gebräunt ist. Das Fleisch etwa 10 Minuten anbraten. Wenn sich die Farbe des Fleisches ändert, etwas Wasser hinzufügen und den Reis portionsweise dazugeben. Nach 10 Minuten Currypulver, Tomatenmark und Kräuter hinzugeben und nach 5 Minuten noch einmal durchmischen. Köcheln lassen und eventuell Wasser nachfüllen. Servieren, wenn die Flüssigkeit vollständig aufgenommen wurde und der Reis trocken ist.

MS Stadt Ratzeburg

Gebaut als:	MS Stadt Ratzeburg
Reederei:	Thien & Heyenga
Typ:	Container Vessel
Bauwerft:	Dae Sun Ltd.
Jahr:	2007
Kapazität:	12.400 dwt
Geschwindigkeit:	18,0 kn
Besatzungsstärke:	16

Geschmorte Lammkeule

Koch: Esping Alaindel Antolijao (MS Stadt Ratzeburg)

Zutaten für 10 Personen

2 ½ kg	Lammkeule im Stück
50 ml	Olivenöl
20 g	Senf
3	Zweige Rosmarin
50 g	Knoblauchzehen
8 g	Zucker
100 ml	Hühnerbrühe
	Salz und schwarzer Pfeffer (frisch gemahlen)

Zubereitung:

Den Knoblauch schälen und waschen. Butter im Topf zerlassen, Zucker und Knoblauchzehen dazugeben. Wenn der Zucker karamellisiert, etwas Hühnerbrühe eingießen und köcheln lassen, bis der Knoblauch weich ist. Zur Seite stellen und abkühlen lassen.

Die Keule mit Salz, Pfeffer und Senf würzen. Mit dem karamellisierten Knoblauch und Rosmarin spicken. Schnell von jeder Seite anbraten. Im Ofen bei 180 °C schmoren, bis die Keule durchgegart ist. Das Fleisch aus dem Ofen nehmen und 20 bis 30 Minuten vor dem Servieren ruhen lassen.

Robben bei ihrer »Siesta« auf dem Wulstbug eines Containerschiffes.

Turnusmäßig muss natürlich auch ein Schiff in die »Werkstatt« (die Werft), wo dringende Wartungsarbeiten und Reparaturen erledigt werden.

Dazu wird das Schiff »gedockt«, also aus dem Wasser gehoben.

Dieses Foto zeigt regen Lade- und Löschbetrieb während der Nacht.

MS »Hanjin Phoenix« der Reederei Laeisz im Suez Kanal.

Kaninchenfleisch-
gerichte

MS Peking

Reederei:	Reederei F. Laeisz
Typ:	Container Vessel
Bauwerft:	Hyundai Heavy Industries, Korea
Jahr:	1997
Kapazität:	63645 TDW
Geschwindigkeit:	24,5 kn
Besatzungsstärke:	21

Kaninchen an Oliven und Cremesauce

Koch: Igor Fedchenko (Peking)

Zutaten

3	Kaninchen
4 TL	Olivenöl
	Salz, Pfeffer
1 l	saure Sahne
500 g	Zwiebeln
500 g	Porree
300 g	Oliven, entsteint
200 g	Petersilie

Zubereitung:

Das Fleisch portionsgerecht zerteilen, anbraten und aus dem Topf nehmen. Mit Salz und Pfeffer würzen. Gemüse in den Topf geben und bei mäßiger Hitze etwa 15 Minuten kochen. Saure Sahne und Oliven hinzufügen. Das Fleisch zurück in den Topf legen. Wenn die Soße das Fleisch nicht bedeckt, etwas Brühe hinzugeben. Im vorgeheizten Ofen bei etwa 180 °C eine Stunde schmoren. Mit Rotkohl und Bratkartoffeln oder Salzkartoffeln servieren.

MS Baltic Carrier

Gebaut als:	MS Baltic Carrier
Reederei:	Reedereien Corleis und Viamare
Typ:	Cargo Ship
Bauwerft:	Cassens
Jahr:	1997
Kapazität:	3.130 dwt
Geschwindigkeit:	10,9 kn
Besatzungsstärke:	7

Kaninchenbraten

(MS Baltic Carrier)

Zutaten

1	Kaninchen (etwa 1 kg)
100 g	Kartoffeln, gewürfelt
100 g	getrocknete Zwiebeln
100 g	Karotten, geraspelt
3	Lorbeerblätter
1 Tasse	Rotwein
100 g	frische grüne Erbsen
2 Tassen	Wasser
200 g	Tomaten
2 EL	Sonnenblumenöl
3	Knoblauchzehen
	Pfeffer und Salz nach Belieben

Zubereitung:

Das Kaninchen waschen und säubern. Portionsgerecht zerteilen und in wenig Öl leicht anbraten. Zwiebeln und Knoblauch separat braten, bis sie goldbraun sind. Die enthäuteten, klein geschnittenen Tomaten und Lorbeerblätter dazu geben. Etwas Wasser auf das Fleisch gießen und etwa 15 Minuten kochen. Den Rotwein dazugießen, Erbsen, geraspelte Karotten, gewürfelte Kartoffeln, Pfeffer, Salz, Zwiebeln und Tomatenmasse dazugeben und eine Stunde bei niedriger Hitze schmoren.

Tipp: Frische Tomaten können durch 1 bis 2 Esslöffel Tomatenmark oder Pizzatomaten (Dose) ersetzt werden.
Für 10 Personen werden zwei größere Kaninchen zu je 1½ kg benötigt.

Der Seemannssonntag

Der Seemannssonntag ist eine seemännische Tradition, die am Donnerstag jeder Woche von den Besatzungen von Handelsschiffen und den auf See als auch auf Land stationierten Angehörigen der Deutschen Marine befolgt wird.

An diesem Tag gibt es für die Besatzungen ein besonders gutes Essen, vergleichbar einem Sonntagsessen. Urkundlich wird dieser Brauch z. B. in den Hamburger Artikelsbriefen von 1727 erwähnt und beschrieben.

Bei der Deutschen Marine beschränkt sich die Tradition mittlerweile auf den gemeinschaftlichen Verzehr von Gebäck und Kuchen in den nach Dienstgradgruppen aufgeteilten Messen. Auf seegehenden Einheiten fällt der Beginn des Seemannssonntags gewöhnlich mit dem Ende des Tagesdienstes zusammen, während die Mahlzeit an Land in die Einnahme der Mittagsverpflegung integriert ist.

Es kursieren verschiedene Erklärungen für die mögliche Herkunft des Begriffes, etwa dass Segelschiffe traditionell nicht Freitags ausliefen und darum am Donnerstag davor relativ wenig Arbeit zu verrichten war, oder dass er aus der Notwendigkeit entstand, bei langen Seereisen Mangelkrankheiten vorzubeugen und darum an einem Tag zusätzlich vitaminreiche Nahrung ausgegeben wurde. Der Begriff wie auch die Wahl des Wochentages sollen sich auch auf das altnordische Brauchtum zurückführen lassen, gemäß dem der Thorstag (Donnerstag) angeblich mit einer ausgiebigen Mahlzeit begangen worden sein soll.

Schweinefleisch-gerichte

MS Industrial Freedom

Reederei:	Reederei Jüngerhans
Typ:	Heavy Lifter
Bauwerft:	Sainty Marine Corporation Ltd. China
Jahr:	2010
Kapazität:	14.300 TDW
Geschwindigkeit:	16,5 kn
Besatzungsstärke:	17

Humba

Koch: Jalbuena Prudencio (MS Industrial Freedom)

Zutaten für 10 Personen

2,5 kg	Schweinenacken, in Würfel geschnitten
4	Knoblauchzehen, zerkleinert
4 EL	brauner Zucker
3 EL	Salz
1	Lorbeerblatt
2 Tassen	Wasser
2 EL	Sojasauce
1 Tasse	Essig
1 EL	Tausi (schwarze Sojabohnen in Salzlake)

Zubereitung:

Alle Zutaten in einem Bräter vermischen.
Bei Mittelhitze köcheln lassen, bis das Fleisch zart ist.
Mit Reis servieren.

MS Global Hebe

Gebaut als:	MS Leonore
Reederei:	Global Hanseatic Shipping
Typ:	Cargo Ship
Bauwerft:	Ningbo
Jahr:	2005
Kapazität:	7.480 dwt
Geschwindigkeit:	11,8 kn
Besatzungsstärke:	11

Geschmorter Schweinerippenbraten

Koch: James C. Pinuela (MS Global Hebe)

Zutaten für 8 bis 10 Personen

3 kg	Schweinerippen
4 Tassen	Tomatenmark
4 Tassen	Tomatenketchup
1 Stange	Porree
3 Stangen	Sellerie
1	Zwiebel
3	Anissterne
	Salz und Pfeffer zum Würzen

Sauce:

4 Tassen	Tomatenketchup
4 Tassen	Austernsauce
	etwas Zucker

Zubereitung:

Die Schweinerippen im Tomatenmark kochen. Mit Tomatenketchup, Porree, Sellerie, Zwiebeln, Anis, Salz und Pfeffer würzen. Kochen, bis das Fleisch zart ist.

Sauce:

Tomatenketchup und Austernsauce mischen und mit etwas Zucker süßen. Sauce aufkochen lassen.

Das Fleisch in einem Durchschlag abtropfen lassen. Die Schweinerippen mit der Sauce bestreichen und in den Ofen schieben. 20 bis 25 Minuten schmoren.

MS Mearsk Denpasar

Gebaut als:	MS Miami
Reederei:	NSC
Typ:	Container Vessel
Bauwerft:	Hanjin Heavy Industries & Construction Co. Ltd.
Jahr:	2007
Kapazität:	68.463 dwt
Geschwindigkeit:	24,3 kn
Besatzungsstärke:	23

Schweinekotelett mit glasierten Zwiebeln

Koch: Mr. Guevarra, Jesus Miguel Gulahab (MS Maersk Denpasar)

Zutaten

240 g	Schweinekotelett (aus der Mitte geschnitten)
¼ Tasse	Mehl
1 TL	Salz
½ TL	weißer Pfeffer
2	mittelgroße, rote Zwiebeln, geschnitten
2 Tassen	ganze, geschälte Tomaten mit Flüssigkeit
1 Tasse	Rotwein
1 Tasse	eingelegte Gewürzzwiebeln, ohne Flüssigkeit
1 EL	Apfelessig
½ TL	frischer Thymian
1 EL	brauner Zucker
3 EL	Olivenöl

Zubereitung

Den Ofen auf 175 °C vorheizen. In einer mittelgroßen Schüssel Mehl, Salz und Pfeffer vermischen. Die Koteletts mit dem Gewürzmehl bestäuben. In einer großen Pfanne 2 Esslöffel (30 ml) Öl bei Mittelhitze erwärmen. Die Schweinekoteletts in der Pfanne braten, bis sie auf beiden Seiten braun sind. Das Fleisch in einen feuerfesten Bräter legen. In derselben Pfanne das restliche Öl bei Mittelhitze erwärmen. Die Tomaten mit Flüssigkeit in einer Schüssel mit einer Gabel zerdrücken. Diese in die Pfanne geben und 5 Minuten köcheln lassen. Die eingelegten Zwiebeln und Essig beimengen und weitere 3 Minuten kochen. Thymian dazugeben und mit Salz und Pfeffer würzen. Die Mischung über die Koteletts gießen und mit braunem Zucker bestreuen. Zudecken und eine Stunde schmoren, bis die Koteletts zart sind. Heiß servieren.

MS Warnow Beluga

Gebaut als:	MS Medmichigan
Typ:	Cargo Ship
Bauwerft:	Zhejiang Ouhua Shipbuilding Co.
Jahr:	2008
Kapazität:	18.700 dwt
Geschwindigkeit:	19 kn
Besatzungsstärke:	17

Nudelpfanne mit Schweinefleisch

Koch: Petilo Rolando Tan (MS Warnow Beluga)

Zutaten für 10 bis 15 Personen

1½ kg	mageres, knochenloses Schweinefleisch
1	große Zwiebel, gehackt
3 EL	Öl
6 Tassen	Broccoli, Blumenkohl, Karotten (TK-Gemüse)
½ kg	einfache oder gedrehte Nudeln
2 Dosen	natriumreduzierte Selleriecremesuppe
1 Tasse	natriumreduzierte Hühnerbrühe
2 ½ Tassen	Wasser
1 TL	getrockneter Majoran oder Thymian, gehackt
¾ TL	schwarzer Pfeffer

Zubereitung:

Das vom Fett befreite Fleisch in mundgerechte Streifen schneiden. Zwiebeln und Fleisch in heißem Öl bei guter Mittelhitze 3 bis 4 Minuten braten und rühren, bis das Fleisch in der Mitte leicht rosa ist. Das gefrorene Gemüse, ungekochte Nudeln, Suppe, Hühnerbrühe, Wasser, Majoran und Pfeffer einrühren. Zum Kochen bringen und die Hitze reduzieren.
Zudecken und 12 bis 15 Minuten köcheln lassen, bis die Nudeln weich sind. Gelegentlich umrühren.

MT Leander

Reederei:	Carl Büttner GmbH & Co. KG
Typ:	Tanker
Bauwerft:	Lindenau
Jahr:	1999
Kapazität:	13.300 TDW
Geschwindigkeit:	15,2 kn
Besatzungsstärke:	16

Schnitzel

Koch: Ando Solito (MS Leander)

Zutaten für 10 Personen

2 kg	Schweinelende
200 g	Paniermehl
	Pfeffer
5	Eier
200 g	Mehl
1 Prise	Salz
1 Prise	Paprika
500 ml	Öl

Zubereitung:

Mit einem Fleischklopfer das Schweinefleisch glätten. Mit Salz, Pfeffer und Paprika würzen.

Die Eier schlagen und das vorbereitete Fleisch darin wenden. Die Schnitzel nacheinander im Mehl und nochmals in der Eimasse sowie dem Paniermehl wälzen.

Das panierte Fleisch in einer Pfanne mit heißem Öl von beiden Seiten goldbraun braten.

MS Maersk Danang

Gebaut als:	MS Chicago
Reederei:	NSC
Typ:	Container Vessel
Bauwerft:	Hanjin Heavy Industries & Construction Co. Ltd.
Jahr:	2008
Kapazität:	68.411 dwt
Geschwindigkeit:	24,3 kn
Besatzungsstärke:	23

Kurzgebratene Schweinelende

Koch: Aniceto T. Mabilin (MS Maersk Danang)

Zutaten für 10 Personen

2 kg	Schweinelende
3 EL	Öl oder Butter
1 TL	Salz
2	kleine Zwiebeln, in Ringe geschnitten
5	kleine Zucchini, in dünne Scheiben geschnitten
1 Dose (850 g)	geschnittene Champignons
2	mittelgroße grüne Paprikaschoten, in dünne Streifen geschnitten
1	mittelgroße rote Paprikaschote, in dünne Streifen geschnitten
3	mittelgroße Karotten, in dünne Scheiben geschnitten
3 EL	Sojasauce
3	Knoblauchzehen, zerkleinert

Zubereitung

Die Schweinelende in etwa 6 bis 8 mm dicke Scheiben schneiden und mit Salz bestreuen. Je die Hälfte der Scheiben mit heißem Öl in einem Wok oder einer großen Pfanne schnell braun braten, dabei regelmäßig wenden. Die Hitze verringern, Zwiebeln, Zucchini, Pilze, grünen und roten Paprika, Karotten, Sojasauce und Knoblauch dazugeben und gut vermengen. Bei Mittelhitze 5 bis 6 Minuten garen, gelegentlich umrühren. Das Fleisch zurück in den Wok geben und stark erhitzen.

MS Sirrah

Gebaut als:	MS Sirrah
Reederei:	Navigia
Typ:	Container Vessel
Bauwerft:	Detlef Hegemann Rolandwerft
Jahr:	2002
Kapazität:	8.446 t
Geschwindigkeit:	15,7 kn
Besatzungsstärke:	14

Gefüllte Schweineroulade

(MS Sirrah)

Zutaten für 10 Personen

1½ kg	Schweinelende oder Filet
1½ TL	Salz
¼ TL	Pfeffer
1 TL	Paprika
9	Spinatblätter
9	Selleriestangen
9 Scheiben	Kochschinken
9 Streifen	Cheddarkäse
9 Streifen	Karotten
3	Knoblauchzehen, zerkleinert
¼ Tasse	Butter
2 EL	Worcestersauce

Sauce:

¼ Tasse	Butter
2 Stangen	Frühlingszwiebeln
1½ Tassen	Schlagsahne
1 Tasse	Fleischbrühe
¼ Tasse	Weißwein

Zubereitung:

Den Ofen auf 250 °C vorheizen. Die Schweinelende der Länge nach aufschneiden, wie ein Schmetterlingsfilet. Das Fleisch ausbreiten und mit dem Fleischklopfer flach klopfen. Mit Salz und Pfeffer einreiben, die Spinatblätter in die Mitte der Lende legen (Blätter überlappen sich). Darauf Selleriestreifen, Kochschinken, Cheddarkäse und Karottenstreifen geben, vorsichtig einrollen. Roulade mit einem Faden zubinden. Die gerollte Lende auf einem Backblech platzieren. Das Fleisch mit Knoblauch und Worcestersauce einreiben. 15 Minuten anrösten. Die Temperatur auf 200 °C verringern und weitere 30 Minuten rösten, bis das Fleisch zart ist. Roulade vom Blech nehmen und den Bratensaft aufheben.

Sauce:

In der zerlassenen Butter die Lauchzwiebeln sautieren. Schlagsahne hinzufügen und kochen, bis die Sauce dick ist. Fleischbrühe und Weißwein langsam dazugeben, damit die Sauce glatt bleibt. Mit der geschnittenen Schweineroulade servieren.

MS Stadt Lauenburg

Gebaut als:	MS Stadt Lauenburg
Reederei:	Thien & Heyenga
Typ:	Container Vessel
Bauwerft:	Dae Sun Ltd.
Jahr:	2007
Kapazität:	12.400 dwt
Geschwindigkeit:	18,0 kn
Besatzungsstärke:	15

Geschmorte Schweinerippchen

Koch: Redolme Ramil B. (MS Stadt Lauenburg)

Zutaten

2 kg	Schweinerippchen
½ kg	Zwiebeln
1 Flasche	Kikkoman Sojasauce
1 Flasche	weißer Essig
3 kg	Reis

Zubereitung:

Die Schweinerippchen zusammen mit Zwiebeln, Sojasauce und Essig in heißes Wasser geben. Wenn das Fleisch zart ist, im Ofen fertig schmoren.

MS CSAV Pyrenees

Gebaut als:	MS Pohang Senator
Reederei:	Reederei F. Laeisz
Typ:	Container Vessel
Bauwerft:	Hyundai Heavy
Jahr:	1998
Kapazität:	63.537 dwt
Geschwindigkeit:	19,9 kn
Besatzungsstärke:	23

Schweinefleisch süß-sauer

Koch: Charles Palino/Filipino (MS CSAV Pyrenees)

Zutaten

1½ kg	mageres Schweinefleisch
2	Eigelb
3 EL	Zucker
3 EL	Sojasauce
1	große Zwiebel
1	rote Paprikaschote
1 TL	Pfeffer
300 g	Gewürzgurken
400 g	Ananasscheiben (Dose)
500 g	passierte Tomaten (Dose)
2 EL	weißer Essig
2 Tassen	Wasser
2 Würfel	Geflügelbrühe
3 EL	Stärkemehl

Zubereitung:

Zucker, Sojasauce und Eigelb vermengen, gut umrühren.
Das Fleisch in Würfel schneiden (2,5 cm) und in etwas Sojasauce legen. Rühren, bis das Fleisch vollständig benetzt ist. Abdecken und eine Stunde ruhen lassen, gelegentlich umrühren. Das Fleisch aus der Marinade nehmen, gut abtropfen lassen und leicht in Stärkemehl wälzen.
Die Flüssigkeit aufheben, Öl erhitzen. Das Fleisch braten, bis es goldbraun und gar ist. Die Zwiebeln schälen und diagonal aufschneiden.
Paprika von den Kernen säubern und mit den Gewürzgurken in Würfel schneiden. Drei Esslöffel Öl in einer großen Pfanne erhitzen und das vorbereitete Gemüse darin 3 Minuten sautieren. Die Ananasscheiben abtropfen lassen und den Ananassaft mit der Fleischmarinade in die Pfanne geben.
Die restliche Sojasauce, Tomatensauce, Essig und zerkleinerte Brühwürfel dazugeben. Das Stärkemehl mit Wasser anrühren und in die Pfanne geben. Rühren, bis die Sauce kocht und dick wird. Ananas hinzufügen, mit Salz und Pfeffer würzen, Schweinefleisch zugeben, umrühren, bis alles vermengt ist.

MS Iris Bolten

Gebaut als:	MS Iris Bolten
Reederei:	AUG. BOLTEN
Typ:	Container Vessel
Bauwerft:	Detlef Hegemann Rolandwerft
Jahr:	2008
Kapazität:	11.000 dwt/974 TEU
Geschwindigkeit:	18,4 kn
Besatzungsstärke:	14

Sisig

Koch: Gumapac Miguel Jr. (MS Iris Bolten)

Zutaten für 10 Personen

2½ kg	Schweinekopf
30 g	Knoblauch
30 g	Zwiebeln
50 g	Paprikaschoten
20 g	Chilischoten
30 ml	Austernsauce
30 ml	Worchestersauce
2	Maggi-Brühwürfel (Rindfleisch)

Zubereitung:

Den Schweinekopf 30 Minuten kochen und anrösten.
Das Fleisch in kleine Stücke schneiden.
Alle Zutaten vermengen. Heiß servieren.

MS Thor Boreas

Gebaut als:	MS Boreas
Reederei:	Candler Schiffahrt GmbH
Typ:	Cargo Ship
Bauwerft:	Dongfeng Ship Industry
Jahr:	2008
Kapazität:	8200 dwt
Geschwindigkeit:	11,5 kn
Besatzungsstärke:	13

Geschmorte Schweinerippchen

Koch: Nilo B. Villaflor (MS Thor Boreas)

Zutaten für 10 Personen

4½ kg	Schweinerippchen, in kleine Portionen geschnitten (5 cm)
8 EL	Öl
½ kg	Schalotten, zerkleinert
8	Knoblauchzehen, zerkleinert
1 EL	Ingwer, gehackt
3 Stangen	Lauchzwiebeln, gehackt
3 EL	dunkle Sojasauce
5 EL	helle Sojasauce
3 EL	Sesamöl
4 EL	brauner Zucker
3 EL	Stärkemehl
2 Tassen	Wasser
	Salz und Pfeffer nach Belieben

Zubereitung:

Die Rippchen abspülen, trocken tupfen und mit Salz und Pfeffer würzen.
Das Öl im Topf erhitzen, die Rippchen bei Mittelhitze braten, bis sie goldbraun sind. Schalotten, Knoblauch, Ingwer und Lauchzwiebeln hinzufügen und kurz anbraten. Dunkle und helle Sojasauce, Sesamöl, Zucker, Stärkemehl und Wasser dazugeben. Topf zudecken und kochen, bis das Fleisch zart ist.

MS Stella J

Gebaut als:	MS Stella J
Reederei:	Jüngerhans
Typ:	Container Vessel
Bauwerft:	Jinling Bauwerft Nanjing
Jahr:	2000
Kapazität:	5.500 dwt/520 TEU
Geschwindigkeit:	15 kn
Besatzungsstärke:	12

Kurzgebratenes Schweinefilet mit Zwiebeln

Koch: Silud Henry Malicay (MS Stella J)

Zutaten für 10 Personen

2½ kg	Schweinefilet in Scheiben
500 g	Zwiebeln
1 Tasse	Sesamöl
	Salz und Pfeffer nach Belieben

Zubereitung:

Das Schweinefleisch unter fließendem kaltem, Wasser abspülen und trocken tupfen. Zwiebeln schälen und in Ringe schneiden. Das Fleisch mit den Zwiebeln vermengen. Mit Sesamöl, Salz und Pfeffer für zwei Stunden marinieren.
Das marinierte Fleisch mit den Zwiebeln in eine heiße Pfanne geben, kurz braten, bis es goldbraun ist.
Mit Risi Bisi Reis servieren.

MS Stadt Emden

Gebaut als:	MS Stadt Emden
Reederei:	Thien & Heyenga
Typ:	Container Vessel
Bauwerft:	Mützelfeldtwerft
Jahr:	2002
Kapazität:	12.920 dwt
Geschwindigkeit:	20,0 kn
Besatzungsstärke:	15

Schweinekotelett Charcutiere

(MS Stadt Emden)

Zutaten für 10 Personen

10	Schweinekoteletts
je 1 Prise	Salz, gemahlener Pfeffer, Thymian
	Senf und Worcestersauce für jedes Kotelett
100 g	Gewürzgurken
2 TL	Senf
½ Tasse	Rotwein
10 Tassen	gekochten Reis oder Kartoffeln
50 g	Gemüsebeilage pro Portion

Zubereitung:

Die Schweinekoteletts würzen und in heißem Öl braten, bis sie braun sind.
Aus der Pfanne nehmen und warm stellen.
Verdünnten Rotwein in dieselbe Pfanne geben, Gewürzgurken und Senf hinzufügen und umrühren. Ein paar Minuten köcheln lassen und mit den Kräutern abschmecken. Die Koteletts auf einem Teller anordnen und die Charcutiere-Sauce darüber geben. Reis oder Kartoffeln sowie Gemüsebeilage dazu servieren.

MS Ice Runner

Gebaut als:	MS Ice Runner
Reederei:	W. Bockstiegel
Typ:	Container Vessel
Bauwerft:	STIG Jiangsu Machinery Imp. & Exp. Corp. Ltd.
Jahr:	2008
Kapazität:	8.200 dwt/698 TEU
Geschwindigkeit:	17,0 kn
Besatzungsstärke:	11

Tropische und europäische Fleischbällchen

Koch: Zimmermann (MS Ice Runner)

Zutaten für 10 bis 12 Personen

2	mittelgroße Eier
½ Tasse	Ananassaft
½ Tasse	Kokosmilch
1	große Gemüsezwiebel, klein geschnitten
¼ Tasse	Zwiebeln, gehackt
¼ Tasse	Sonnenblumenöl
1 kg	Schweinehackfleisch
1½ kg	Rinderhackfleisch

Zubereitung:

Alle Zutaten gut vermengen und mit Salz und Pfeffer würzen. Daraus Bällchen formen (5 cm). Im Ofen backen, bis die Bällchen braun und durchgegart sind.

Sauce:

Die Bratflüssigkeit mit Stärkemehl und kaltem Wasser anrühren. Kein heißes Wasser benutzen, um ein Ausflocken der Flüssigkeit zu vermeiden.

Hafeneinfahrt bei Windstärke 6. Hier MS »Scan Espana« der Reederei Scanscot aus Hamburg.

Ein Schiff der Sloman Neptun Flotte sticht in See.

MS »Wiebke« der Reederei SAL, Steinkirchen im Eis in Finnland.

Romantischer Sonnenaufgang beim Auslaufen auf der Weser seewärts.

Nachspeisen

MS Sun Bird

Gebaut als:	MS SUN BIRD
Reederei:	Harren & Partner
Typ:	Multi Purpose Ship
Bauwerft:	Bodewe's Scheepswerven B.V.
Jahr:	2009
Kapazität:	4.250 dwt/212 TEU
Geschwindigkeit:	11,0 kn
Besatzungsstärke:	9

Äpfel im Schnee

Koch: Khoina Vitold (MS Sun Bird)

Zutaten für 6 Personen

400 g	harte Kekse
1 kg	Äpfel
200 g	Erdnüsse
200 g	Rosinen
500 g	saure Sahne
200 g	Schokolade
150 g	Zucker

Zubereitung:

Die Äpfel schälen und reiben. Die saure Sahne mit Zucker schlagen und mit den Keksen vermengen.
Rosinen und Erdnüsse vermischen. Cremige Keksmasse sowie Rosinen-Nuss-Gemisch zu den Äpfeln geben und mit Schokolade bestreuen.

Varianten:

1. Statt Erdnüssen können Haselnüsse oder Mandeln verwendet werden.
2. Statt Rosinen können getrocknete Aprikosen oder Beeren verwendet werden.

MS Hohebank

Reederei:	Reederei Rass
Typ:	Container Vessel
Bauwerft:	Yangfan Shipgroup, China
Jahr:	2007
Kapazität:	11.500 TDW
Geschwindigkeit:	18,8 kn
Besatzungsstärke:	17

Schneller einfacher Apfelkuchen

Koch: Therman Anoos (Hohebank)

Zutaten für 12 Personen

5	Äpfel, geschält und entkernt
2 Tassen	Zucker
4	Eier
2 ½ Tassen	Mehl
½ TL	Zimt
1 Tasse	Rosinen
¾ Tasse	Butter
2 TL	Backpulver

Zubereitung:

Die Äpfel in Würfel schneiden. Eine Tasse Zucker hinzufügen.

Mit dem Mixer die Eier und eine halbe Tasse Zucker geschmeidig schlagen. Die restlichen Zutaten hinzufügen. Die Äpfel unterheben. Im Ofen bei 150 °C etwa 30 Minuten backen.

MS Perseus J

Gebaut als:	MS Perseus J
Reederei:	Jüngerhans
Typ:	Container Vessel
Bauwerft:	Naval Gijon
Jahr:	2008
Kapazität:	12.100 dwt/925 TEU
Geschwindigkeit:	19,3 kn
Besatzungsstärke:	16

Pfirsich-Passions-Creme

Koch: Ronaldo F. (MS Perseus J)

Zutaten

1 Dose	Pfirsichhälften, in Spalten geschnitten
1 ½ l	Schlagsahne 35% Fett (gekühlt)
1 Dose	Kondensmilch
3 Pckg.	Kekse (Teebiskuit), 200g pro Packung

Creme

1 l	Schlagsahne 35% Fett (gekühlt)
2 TL	Puderzucker
	Kakao zum Bestäuben

Zubereitung:

Vorbereitung für den Kuchen:

Die Schlagsahne und Kondensmilch zusammengießen, einen Teil davon in eine rechteckige Form geben. Eine Schicht Kekse in die Form legen, wobei diese versetzt übereinander liegen. Pfirsichspalten darauf verteilen. Weitere zwei solcher Keks-Pfirsichschichten legen. Die restliche Schlagsahne darüber geben, um den Kuchen zu durchtränken. Über Nacht in den Kühlschrank stellen.

Vorbereitung für die Creme:

Schlagsahne und Puderzucker schlagen, bis die Masse steif ist. Diese auf dem Kuchen verteilen und mit Kakaopuder bestäuben. Weitere 2 Stunden in den Kühlschrank stellen, dann servieren.

MS Anna-Lisa

Gebaut als:	MS Anna-Lisa
Reederei:	Reederei Hinsch
Typ:	Container Vessel
Bauwerft:	Mawei Bauwerft
Jahr:	2008
Kapazität:	700 TEU
Geschwindigkeit:	17,0 kn
Besatzungsstärke:	11

Karamell Pudding

Koch: Randeniya Arachchige Don Edward (MS Anna-Lisa)

Zutaten für 10 Personen:

Für die Creme

1 l	Milch
150 g	Zucker
8	Eier
4–5 Tropfen	Vanilleextrakt

Für den Karamell

200 g	Zucker
500 ml	Wasser

Zubereitung:

Die Eier mit Zucker und Vanilleextrakt schlagen. Die heiße Milch zu den geschlagenen Eiern hinzufügen. Einen Teil des Karamells auf den Boden einer Ofenform gießen und die Crememasse hinzufügen. Eine große Backform mit etwas Wasser füllen und die Ofenform hineinstellen. Alles in den Ofen schieben und bei einer Temperatur von 150 °C bis 175 °C backen.

Den Pudding auf einem flachen Teller kühlen und mit dem restlichem Karamell dekorieren.

BASTÉ & LANGE
10
KLOSKA-GROUP
SVR
SCHIFFSVERSORGUNG ROSTOCK
KLOSKA
TECHNIK
Diesel-Motoren
Reparaturservice
DMR
KLOSKA
SERVICE
Spare parts
Technical supplies for:
Shipping
Repair service

DANKE!

Wir, das Catering-Team der Kloska Group, möchten uns auf diesem Wege herzlich für die gute Zusammenarbeit bedanken.

Die Resonanz auf unsere Bitte um Hilfe bei der Sammlung von Rezepten »unserer« Catering-Schiffe hat uns gezeigt, dass wir als Team bei den Reedereien und den Besatzungen als Catering-Partner anerkannt sind. Auch wenn nicht immer ruhige See ist …

Leider konnten wir nicht alle uns zugeschickten Rezepte veröffentlichen, und die Auswahl für dieses Buch ist uns sehr schwer gefallen.

Aber es ist wie mit einem guten Hollywood-Film:
Vielleicht gibt es eine Fortsetzung.

Wir wünschen unseren Schiffen allzeit gute Fahrt und immer die berühmte Handbreit Wasser unter dem Kiel.

Euer Catering Team